Anselm Grün

Selbstwert entwickeln – Ohnmacht meistern

Anselm Grün

Selbstwert entwickeln – Ohnmacht meistern

Spirituelle Wege zum inneren Raum

Kreuz Verlag

5 99 98 97

Umschlaggestaltung: Jürgen Reichert, Stuttgart
Umschlagfoto: Arved v. d. Ropp, Vachendorf
Gesamtherstellung: Kösel, Kempten
ISBN 3-7831-1394-6

Inhalt

Die Selbsterfahrung des heutigen Menschen

Die Menschen, denen ich als Seelsorger begegne, kreisen häufig um die beiden Pole: fehlendes Selbstwertgefühl und Ohnmachtsgefühl. Es sind nicht nur junge Menschen, die unter mangelndem Selbstvertrauen leiden und sich danach sehnen, ein starkes Selbstwertgefühl zu entwickeln. Auch von Leuten, die gerade in der Lebensmitte sind, höre ich oft, wie sie darunter leiden, kein Selbstwertgefühl zu haben. Sie trauen sich nicht, ihre eigene Meinung zu vertreten, wenn andere selbstbewußt auftreten. Sie trauen sich selbst nichts zu. Andere können es besser, so meinen sie. Vor allem Mütter, deren Kinder gerade aus dem Haus gegangen sind, merken auf einmal, wie ihr mühsam aufgebautes Selbstvertrauen zusammenstürzt. Sie haben sich von ihren Kindern her definiert. Jetzt werden sie mit sich selbst konfrontiert und haben das Gefühl, daß sie aus sich heraus gar nichts sind. Auch ältere Menschen sprechen oft davon, daß sie eine ganz geringe Meinung von sich selber haben. Im Alter erinnern sie sich daran, daß sie als Kinder nicht ernst genommen worden sind und man nie nach ihrer Meinung gefragt hat. Jetzt, wo sie keine Leistung mehr vorweisen können, fühlen sie sich wertlos.

Junge Menschen haben große Zweifel, ob sie überhaupt wertvoll sind. Sie leiden darunter, daß sie nicht ernst genommen werden, daß sie Hemmungen haben, nicht so cool sind, wie sie das gerne sein möchten. Sie ärgern sich, wenn sie rot werden, sobald sie einer auf Themen anspricht, die ihnen unangenehm sind. Und vor allem haben sie Angst, daß sie vielleicht gar nicht liebenswert sein könnten. Junge Männer fühlen sich in Gegenwart von Frauen gehemmt, weil sie unsicher sind, ob sie von ihnen akzeptiert werden. Wenn sie sehen, daß andere eine Freundin haben, halten sie sich für minderwertig, weil sie noch alleine sind und weil kein Mädchen auf sie zugeht. Mädchen haben Angst, von Männern nicht ernst genommen, lächerlich gemacht zu werden, weil sie dem Schönheitsideal nicht entsprechen. So verwenden sie alle Energie darauf, so auszusehen, wie sie glauben, daß es die Männer erwarten.

Auch Ohnmachtsgefühle werden in den Seelsorgegesprächen immer wieder thematisiert. Da fühlt sich ein junger Mann ohnmächtig, eine Entscheidung über seine Zukunft zu treffen. Andere erfahren ihre Ohnmacht im Kampf mit sich selbst. Sie kommen einfach nicht weiter. Sie leiden immer wieder am eigenen Versagen, aber sie können daran nichts ändern. Junge Frauen leiden darunter, daß sie ihr Eßproblem nicht in den Griff bekommen. Junge Männer fühlen sich ohnmächtig, mit ihrer Sexualität so umzugehen, wie es ihren Vorstellungen und Idealen entspricht. Andere ärgern sich darüber, daß sie sich immer wieder blamieren, vor andern unsicher sind und manchmal

Fehler machen, ohne etwas dagegen unternehmen zu können.

Oft haben Ohnmachtsgefühle ihre Ursache in den äußeren Verhältnissen, etwa in der Situation des Arbeitsmarktes oder der gesellschaftlichen und politischen Wirklichkeit. Wer nach seinem Studium 40 oder 50 Bewerbungen geschrieben hat, der fühlt sich ohnmächtig im Hinblick auf seine Zukunft. Er hat das Gefühl, er könne machen, was er wolle, es habe doch keinen Zweck. Gegen die grausame Realität könne er nicht anrennen. Wer sich als Schüler für den Umweltschutz eingesetzt hat, resigniert häufig mit dem Gefühl, es habe doch alles keinen Sinn. Die Gesellschaft tritt die Natur nach wie vor mit Füßen. Ein anderer fühlt sich ohnmächtig, seine gescheiterte Ehe zu retten oder in einer verfahrenen Beziehung etwas zu ändern. Viele Ohnmachtsgefühle stammen aus der Kindheit. Da fühlte sich ein Kind ohnmächtig, die Spannungen zwischen den Eltern zu mildern und Streitereien zu befrieden. Da fühlten Kinder oft eine ohnmächtige Wut, wenn sie ungerechterweise bestraft wurden. Die gleiche Ohnmacht erleben sie heute im Umgang mit Vorgesetzten und Autoritäten und in Konfliktsituationen in der Familie, in der Gemeinde, in der Firma.

Eltern fühlen sich ohnmächtig ihren erwachsenen Kindern gegenüber, die ganz andere Wege gehen, als sie sich das gedacht haben. Sie finden keinen Zugang mehr zu ihnen. Alte wie Junge fühlen sich ohnmächtig angesichts einer Welt, in der so vieles schiefläuft, auf die sie aber keinen Einfluß haben, weil sie von andern bestimmt wird, von mächtigen Gruppen und von anonymen Kräften, die nicht zu fassen sind.

Selbstvertrauen, selbstbewußt, selbstsicher

Im Umkreis von Selbstwertgefühlen und Ohnmachtsgefühlen gibt es im Deutschen viele ähnliche Begriffe. Da sprechen wir von Selbstvertrauen, Selbstbewußtsein, Selbstsicherheit. Die Begriffe hängen alle irgendwie miteinander zusammen, bedeuten aber doch auch jeweils etwas anderes. In Gesprächen höre ich oft, jemand könne nicht selbstbewußt auftreten, er habe kein Selbstvertrauen, er sei nicht selbstsicher. Selbstbewußt ist einer, der sich seiner bewußt ist, der weiß, wer er ist und was in ihm steckt. Als selbstsicher bezeichnet man einen, der sicher auftreten kann und sich durch nichts und niemanden verunsichern läßt. Manchmal kann das Selbstbewußtsein auch zur Schau gestellt werden. Da stellt einer sein Selbst bewußt heraus. Selbstbewußt kann ein Mensch auch auftreten, wenn er ein geringes Selbstwertgefühl hat. Er verdeckt dann sein schwaches Selbstwertgefühl mit selbstbewußtem und selbstsicherem Verhalten.

Selbstwertgefühl ist das Wissen um den eigenen Wert, um die eigene Würde, um die Einmaligkeit als Person. Es ist das Gespür für mein Selbst, für mein wahres Wesen, für das Bild, das Gott sich von mir gemacht hat.

Selbstvertrauen meint mehr den Aspekt, daß sich jemand etwas zutraut, seinen eigenen Gefühlen traut und auf Gott vertraut, der ihn trägt und annimmt.

Selbstwertgefühl und Selbstvertrauen bedingen einander. Weil ich weiß, daß ich als Mensch einen unantastbaren göttlichen Wert habe, darf ich mich annehmen, wie ich bin, darf ich darauf vertrauen, daß ich gut bin, darf ich mich trauen, so aufzutreten, wie ich bin. Das muß nicht unbedingt selbstsicher sein. Ich kann in einer fremden Umgebung vielleicht unsicher wirken, aber ich gestehe mir das ein. Dann habe ich trotzdem Selbstvertrauen und Selbstwertgefühl. Ich bin wertvoll auch noch in meiner Unsicherheit und in meinen Hemmungen. Während der Selbstbewußte sich keine Schwäche leisten darf, erlaubt mir das Selbstvertrauen, auch schwach zu sein. Das Selbstwertgefühl bläht sich nicht auf, es ist vielmehr das Gefühl für den eigenen Wert in allen Schwächen und Grenzen.

Ohnmacht, ohne Macht, ohne Möglichkeit

Das deutsche Wort Ohnmacht kann einmal die Bewußtlosigkeit und Besinnungslosigkeit bedeuten, die aufgrund eines Schwächeanfalls auftritt. Wenn die Not so groß wird, daß man sie nicht mehr aushält, reagiert der Körper oft mit „Ohnmacht". Der Mensch wird bewußtlos, um nicht mehr mitanzusehen zu müssen, was man ihm da zumutet. Zum andern meint Ohnmachtsgefühl das Gefühl der eigenen Machtlosigkeit. Macht kommt von mögen, vermögen. Ohne Macht zu sein heißt dann, ohne Möglichkeit, ohne Einfluß, ohne Vermögen sein. Der Ohnmächtige vermag nichts zu bewirken, er hat keine Möglichkeit, etwas zu ändern, etwas zu gestalten. Das Gefühl der Ohnmacht gehört wesentlich zum Menschen. Der Mensch hat Macht und Ohnmacht zugleich. Er hat Macht, diese Welt und sich selbst zu beherrschen. Aber er ist auch ohnmächtig, sich selbst in Griff zu bekommen, ohnmächtig Gott gegenüber.

Gegenüber diesem notwendig zur menschlichen Existenz gehörenden Ohnmachtsgefühl sprechen wir heute von Ohnmachtsgefühlen, wenn sich ein Mensch seinem Leben, den Menschen in seiner Umgebung oder der Welt insgesamt gegenüber ohnmächtig fühlt. Das Ohnmachtsgefühl hängt oft mit mangelndem Selbstwertgefühl zusammen, aber es ist nicht damit identisch. Manchmal gehen Ohnmachtsgefühl und mangelndes Selbstwertgefühl parallel, wenn sich einer ohnmächtig fühlt seinen eigenen Fehlern gegenüber, wenn er sich machtlos fühlt, sich selbst zu ändern. Aber es gibt auch viele, die durchaus ein gesundes Selbstvertrauen haben und dennoch unter Ohnmachtsgefühlen leiden. Sie fühlen sich in vielen Bereichen ihres Lebens ohnmächtig. Sie fühlen sich machtlos als Lehrer, weil sie gegen die mangelnde Erziehung durch die Eltern bei den Kindern kaum etwas erreichen können. Sie fühlen sich ohnmächtig als Pfarrer, weil immer weniger in den Gottesdienst kommen, obwohl sie sich alle Mühe geben, ihn phantasievoll zu gestalten, weil sie trotz aller Anstrengung in der Seelsorge kaum Erfolg sehen. Sie fühlen sich ohnmächtig angesichts der ungerechten Verhältnisse in unserer Welt, angesichts der weltweiten Not, angesichts der Welle der Gewalt, angesichts einer festgefahrenen Bürokratie, angesichts sinnloser Kriege. Kaum einer kann diese Ohnmachtsgefühle gut aushalten. Manche reagieren depressiv, oder sie flüchten sich in Resignation, andere werden aggressiv, sie schlagen um sich, um die eigene Ohnmacht nicht mehr spüren zu müssen. Oder sie streben nach Macht, um der eigenen Ohnmacht zu entrinnen.

Im Folgenden soll es darum gehen, wie wir mit unseren Ohnmachtsgefühlen umgehen können, die zu unserer menschlichen Existenz gehören, ohne davon bestimmt und gelähmt zu werden. Und ich möchte als Seelsorger die Wege beschreiben, wie wir ein gesundes Selbstwertgefühl entwickeln können. Dabei geht es mir nicht um die rein psychologische Ebene, sondern von vorneherein um die spirituelle Dimension. Ich frage als Mönch, der aus dem Glauben lebt und der den Glauben als Hilfe erlebt, sich selbst als wertvoll zu fühlen, der aus dem Vertrauen zu Gott auch Selbstvertrauen gewinnt. Ich hoffe darauf, daß ich im Glauben einen Weg finde, mich meiner Ohnmacht zu stellen und kreativ damit umzugehen. Bevor ich jedoch im Glauben eine Hilfe erfahren kann, mit meinen Ohnmachtsgefühlen umzugehen und ein gutes Selbstwertgefühl zu entwickeln, muß ich mich der Realität meiner Ohnmacht und meines mangelnden Selbstwertgefühles stellen. Die spirituelle Dimension darf die psychologische Ebene nicht einfach überspringen. Vielmehr finde ich nur durch sie hindurch zu Gott. Der Weg zu Gott führt nicht an unserer psychischen Wirklichkeit vorbei. Das wäre „spiritual bypassing“, spirituelle Abkürzung, wie die Amerikaner das religiöse Überspringen der Realität nennen. Es gibt keine spirituelle Abkürzung, die es uns ersparen könnte, uns der psychischen Realität unseres Lebens zu stellen. Christus ist hinabgestiegen zu uns Menschen, damit wir den Mut finden, in die eigene Wirklichkeit hinabzusteigen. Nur so können wir aufsteigen zu Gott.

I Selbstwert entwickeln

Auf dem Hintergrund psychologischer Aussagen möchte ich die Entstehung des Selbstwertgefühls und die Gründe für mangelndes Selbstvertrauen darlegen. Und ich möchte einen Weg aufzeigen, wie Selbstvertrauen wachsen kann. Dabei geht es mir immer um einen Weg, der die Erfahrung der Psychologie und der Spiritualität miteinander verbindet. Es ist immer das gleiche Selbst, das lernen muß, sich zu behaupten, und das vor Gott steht als einmalige Person, das ein Grundvertrauen ins Leben hat und das Gott vertraut.

1. Der Aufbau eines guten Selbstwertgefühls

Ganz gleich, wie unsere Kindheit verlaufen ist, jeder von uns hat die Aufgabe, ein gesundes Selbstwertgefühl zu entwickeln. Die Voraussetzungen, unter denen wir uns dieser Aufgabe zu stellen haben, sind natürlich verschieden. Der eine hat von seiner Kindheit her immer schon genügend Vertrauen in das Leben und Vertrauen zu sich selbst mitbekommen. Der andere wurde als Kind eher klein gemacht und entwertet. Er hat es wesentlich schwerer mit seiner Aufgabe. Aber auch er kann dazu kommen, ja zu sich und seiner Geschichte zu sagen, sich auszusöhnen mit seinen Stärken und Schwächen und so sein einmaliges Selbst zu entdecken und dazu auch vor den andern zu stehen.

Urvertrauen

Entscheidend ist die Erfahrung des Urvertrauens, das das Kleinkind von der Mutter her erfährt. Wenn die Mutter Vertrauen ausstrahlt, dann wächst auch im Kind ein starkes Vertrauen. Wenn die Mutter jedoch unsicher ist, wenn sie Angst hat, daß sie etwas bei der Kindererziehung nicht richtig machen könnte, dann wird auch das Kind unsicher. Es übernimmt in der ersten Phase einfach, was es von der Mutter her erfährt. Dabei nimmt das Kind nicht nur wahr, was die Mutter tut, sondern auch wie sie es tut. Es spürt, ob es ihr gutgeht oder schlecht, ob sie sich sicher fühlt oder unsicher, ob sie es gerne wickelt oder unwillig, ob da Wohlwollen ist oder Aggression. Aus all diesen Wahrnehmungen wächst im Kind Sicherheit oder Unsicherheit, das Gespür für den eigenen Selbstwert.

Der Begriff des „Urvertrauens" stammt von Erik Erikson.[1] Urvertrauen ist das Gefühl, sich auf die Eltern, aber auch auf sich selbst verlassen zu dürfen. Wer dieses Urvertrauen von seinen Eltern und im Kreis seiner Familie erworben hat, sieht die Welt um sich herum mit Augen des Vertrauens. Er wagt sein Leben, er hat Lust, seine Fähigkeiten auszuprobieren. Sein Grundgefühl ist getragen von einem tiefen Vertrauen in die Verläßlichkeit von Menschen, ja in die Verläßlichkeit des Seins schlechthin. Letztlich hat dieses Urvertrauen auch eine religiöse Komponente. In der Verläßlichkeit der Menschen leuchtet etwas auf von der Treue Gottes, der zu uns steht, auf den wir uns verlassen dürfen.

Erikson meint, daß eine Kindererziehung, die der Religion und der Tradition verpflichtet ist, „das Urvertrauen des Kindes in die Verläßlichkeit der Welt stärkt".[2] Der Glaube verlängert das Urvertrauen des Kindes von den Menschen und der Welt bis zu Gott hin, dem Urgrund allen Seins. Wenn ein Kind zu wenig Urvertrauen entwickelt, wird es übermäßig selbstkritisch. Es zweifelt an sich selbst, an seinen Fähigkeiten und an seinem Angenommensein durch die Menschen. Das Vertrauen in das Leben ist die Bedingung, daß das Kind zur „Ich-Identität" findet. Ich-Identität meint das Gefühl, daß ich alle Bereiche meines Lebens akzeptiert und in das Ich integriert habe, daß ich den roten Faden in meinem Leben sehe und die innere Einheit meines Seins gefunden habe. Eine starke Ich-Identität gibt dem Kind Sicherheit gegenüber seinen Trieben und schützt es vor einem grausamen Gewissen, mit dem sich Menschen ohne Urvertrauen martern. Wer seine Ich-Identität gefunden hat, ist fähig zur Intimität und schließlich zur Generativität, zur Fruchtbarkeit, die sich entweder in Kindern oder aber in einer schöpferischen Leistung ausdrückt. Das Ziel der menschlichen Entwicklung ist nach Erikson die Integrität. Wer zur Integrität gelangt ist, ist eins mit sich geworden, einverstanden mit seiner Lebensgeschichte, der hat ein starkes Selbstwertgefühl, ein Gefühl für seine einzigartige Würde, entwickelt.

Eriksons Beobachtungen haben auch für uns Christen eine bleibende Bedeutung. Auch für die religiöse Erziehung muß das Vertrauen in den verläßlichen Gott zur Grundlage allen Sprechens von Gott werden. Wenn Gott aber als der ständige Aufpasser und Beobachter vermittelt wird, wird statt des Urvertrauens die Urangst zum Grundgefühl des Kindes. In allem fühlt es sich kontrolliert, eingeengt, beobachtet und beurteilt. Es genügt aber nicht, wenn wir nur von dem Gott des Vertrauens sprechen. Gott muß durch unsere vertrauenerweckende Ausstrahlung hindurch erfahrbar werden als der letzte Grund allen Vertrauens. Eriksons Gedanken könnten zu einem Kriterium des richtigen Sprechens über Gott und über den Menschen werden. Wenn wir vom Kind vor allem verlangen, daß es brav ist und Gottes Gebote und unsere Vorschriften erfüllt, werden wir es zu einem angepaßten und langweiligen Menschen erziehen. Das Bild des Menschen, wie Gott ihn will, ist geprägt von Integrität und Generativität, von Ganzheit und Fruchtbarkeit. Der Mensch, der die innere Einheit seines Lebens entdeckt hat, der vor Lebendigkeit sprudelt, der immer neue Ideen hat, um den herum etwas entsteht, das auch für andere Bedeutung hat, entspricht Gottes Willen.

Einzigartigkeit und Einmaligkeit

Beim Selbstwertgefühl geht es nicht nur darum, sich selbst, der Welt und Gott zu vertrauen, sondern seine Einmaligkeit zu entdecken. Jeder Mensch stellt ein einmaliges Bild dar, das Gott sich allein von ihm gemacht hat. Thomas von Aquin meint, daß jeder von uns auf einzigartige Weise Gott in dieser Welt ausdrücke. Die Welt wäre ärmer, wenn nicht jeder von uns auf seine einmalige Weise Gott zum Ausdruck bringen würde. Romano Guardini spricht in seinen Lebenserinnerungen davon, daß Gott über jeden Menschen ein Urwort spricht, das nur diesem einen Menschen gilt. Jeder Mensch ist ein fleischgewordenes Wort Gottes. Und unsere Aufgabe besteht darin, dieses einmalige Wort Gottes in unserem Leben vernehmbar zu machen. Selbstwertgefühl meint das Gespür für dieses einzigartige Bild Gottes, das ich bin, für das einmalige Wort, das Gott nur in mir spricht. Ich trete dann vielleicht gar nicht selbstbewußt und selbstsicher auf. Aber ich spüre das Geheimnis meiner einmaligen Existenz. Ich verzichte darauf, mich mit anderen zu vergleichen und meine Stärken herauszustellen. Meine Einmaligkeit ist unabhängig von allen Vorzügen, die ich anpreisen könnte. Sie besteht darin, daß ich von Gott geformt worden bin. Der Psalmist hat diese beglückende Erfahrung so ausgedrückt: „Du hast mein Inneres geschaffen, mich gewoben im Schoß meiner Mutter. Ich danke dir, daß du mich so wunderbar gestaltet hast" (Ps 139,13f).

Daß das Gefühl für seine Einmaligkeit für die Entstehung eines guten Selbstwertgefühls wichtig ist, hat vor allem John Bradshaw dargestellt. Ein Kind entwickelt ein starkes Selbstwertgefühl, wenn es in seiner Einmaligkeit von den Eltern ernst genommen wird, wenn seine Gefühle geachtet werden, wenn es vor ihnen sein darf, wie es ist. Wenn das nicht der Fall ist, dann reagiert das Kind mit Mißtrauen, dann fühlt es sich innerlich verletzt und muß sich verschließen. In der Einmaligkeit des Kindes liegt seine Ähnlichkeit mit Gott, der sich ja als der ICH BIN geoffenbart hat. Wenn ein Kind mit seinen einmaligen Gefühlen und mit seiner besonderen Kostbarkeit nicht beachtet wird, so ist das für Bradshaw eine spirituelle Verletzung. Sie ist dafür verantwortlich, „wenn aus uns unselbständige, schamerfüllte erwachsene Kinder werden. Die Geschichte des Niedergangs eines jeden Mannes und einer jeden Frau handelt davon, daß ein wunderbares, wertvolles, besonderes und kostbares Kind sein Gefühl für das ‚Ich bin, wer ich bin' verloren hat." [3]

Die Jugendlichen, die an mangelndem Selbstwertgefühl leiden, erzählen mir immer wieder, daß die Eltern ihre Einmaligkeit nicht geachtet haben. Sie haben sich nicht die Mühe gemacht, sich in sie hineinzufühlen. Sie haben es nach den eigenen Maßstäben beurteilt. Wenn das Kind etwas ausprobieren wollte, hörte es: „Du bist zu klein dafür. Das kannst du nicht. Du bist zu dumm. Du kapierst das nie." Solche negativen Botschaften würgen jedes Selbstwertgefühl ab. Das Kind übernimmt die Botschaft der Eltern und verinnerlicht sie. Es hat den Eindruck, daß es zu nichts tauge, daß es zu langsam sei, daß andere das besser können usw. So kann kein Gefühl für die eigene Besonderheit wachsen. Die Urteile der Eltern werten einen so radikal ab, daß man sich höchstens im negativen Sinn einmalig fühlt. Man fühlt sich dann als der letzte Dreck, als der Dümmste, als der Schlimmste. Wenn es schon nicht die Einmaligkeit ist, die Gott mir geschenkt hat, dann muß ich mich wenigstens in meiner Schlechtigkeit für einzigartig halten.

Der volle Pott

Virginia Satir, eine amerikanische Familientherapeutin, bringt in ihrem Buch „Selbstwert und Kommunikation" ein schönes Bild für das Selbstwertgefühl.[4] Sie nimmt den großen Eisenpott, der auf ihrer Farm steht und je nach Jahreszeit voll mit Seife, mit Eintopf oder mit Dünger ist, als Bild für das Selbstwertgefühl. Wenn jemand sagt: „In meinem Pott ist heute viel", wissen alle, daß er gerade voller Energie und Selbstwertgefühl ist. „Laß mich in Ruhe, mein Pott leckt", sagt den andern, daß heute mit mir nicht viel los ist. In unserem Recollectiohaus haben die Gäste, die für drei

Monate bei uns sind, um in der therapeutischen und geistlichen Begleitung ihre inneren Quellen zu entdecken, das Bild des Pottes schnell übernommen. Da hat der eine dem andern zugerufen, daß sein Pott heute übervoll sei. Oder da haben sie übereinander im Bild des Pottes gesprochen. Von dem einen sagte man, der habe heute wohl einen durchlöcherten Eimer als Pott, von einem andern, er hätte einen Pott wie einen Betonmischer. Die Gäste konnten im Bild des Pottes ausdrücken, wie es ihnen gerade ging.

Das Selbstwertgefühl ist nicht angeboren. Es wird in der Familie gelernt. Es liegt an den Botschaften, die ein Kind von den Eltern empfängt, ob es sich angenommen und wertvoll fühlt. Das Kind nimmt den Ausdruck im Gesicht der Eltern wahr und erkennt daran, ob die Eltern es achten oder nicht, ob sie von seinem Wert überzeugt sind oder nicht. Damit ein gutes Selbstwertgefühl entstehen kann, braucht es eine Atmosphäre der Offenheit. Man spricht offen miteinander und akzeptiert, wenn einer einen Fehler macht. Grund für mangelnden Selbstwert ist oft eine verschleierte Kommunikation, in der nicht klar wird, wo man dran ist.

Es ist aber nie zu spät, das Selbstwertgefühl zu erlernen und zu stärken. Man kann jederzeit die mangelnde Kommunikation durch eine positive ersetzen und so immer wieder neue Erfahrungen machen, die einem helfen, seinen leeren Pott zu füllen. Die Gäste in unserem Recollectiohaus haben sich gegenseitig durch neue Formen des Miteinanderredens geholfen, einen vollen Pott zu bekommen. Die Ebene der Kommunikation ist offensichtlich sehr wichtig für die Entstehung des Selbstwertgefühls. Es genügt nicht, wenn eine Familie nur fromm ist, aber unfähig, miteinander zu reden. Frömmigkeit allein schafft noch kein Selbstwertgefühl. Es braucht auch die menschliche Voraussetzung gelungener Kommunikation, damit wir uns voreinander und vor Gott für wertvoll halten.

Die Annahme des Schattens

Ein gesundes Selbstwertgefühl muß nicht unbedingt darin bestehen, daß man sicher auftreten kann. Entscheidend ist, daß einer zu sich selbst ja sagen kann. Ich hielt vor vielen Jahren einmal einen Kurs für Psychologen. Der eine erzählte bei seiner Ankunft, daß er ganz durcheinander sei, weil ihn das Fahren so anstrenge. Ich hatte gedacht, daß sich Psychologen vor allem durch große Selbstsicherheit auszeichnen würden. Aber da wurde mir klar, daß nur der wirklich ein gutes Selbstwertgefühl hat, der sich auch mit seinen Schwächen und Schattenseiten aussöhnen kann. Wer vor andern seine Fehler zugeben kann, wer zu sich steht, wenn er sich vor andern blamiert, der hat wirklich ein gutes Selbstwertgefühl. Er kann sich selbst so annehmen, wie er ist, auch mit seinen weniger angenehmen Seiten.

Nach C. G. Jung gehört zur Selbstannahme auch die Annahme des eigenen Schattens. Der Mensch lebt immer zwischen zwei Polen, zwischen Angst und Vertrauen, zwischen Verstand und Gefühl, zwischen Liebe und Aggression, zwischen Disziplin und Disziplinlosigkeit. Manche, die sich so selbstbewußt nach außen geben, sind nur mit einem Pol in Berührung. So argumentiert der Verstandesmensch selbstsicher, aber er kann keine Gefühle zeigen. Sobald die Sprache auf die Gefühlsebene kommt, gerät er in Panik, oder aber er verschließt sich. Er hat kein wirkliches Selbstwertgefühl. Er fühlt sich nur einseitig. Wer nur einen Pol bewußt lebt, verdrängt den andern in den Schatten. Von dort aus wird er sich negativ auswirken. So äußert sich das verdrängte Gefühl als Sentimentalität. Oder die verdrängte Disziplinlosigkeit führt dazu, daß ein Mensch in einem Bereich seines Lebens völlig die Kontrolle verliert. Der Schatten kann sich auch in empfindlichen Reaktionen äußern, sobald jemand die eigenen Schwachstellen anspricht. Da gerät dann einer, der nach außen hin selbstbewußt auftritt, auf einmal außer sich. Seine zur Schau gestellte Selbstsicherheit bricht jäh zusammen. Wer dagegen seinen Schatten angenommen hat, der kann gelassen reagieren, wenn er sich nach außen hin blamiert oder in das Feuer der Kritik gerät. Er weiß um sich, er hat sich ausgesöhnt mit seinen Höhen und Tiefen. So wundert ihn nichts mehr, was man über ihn sagt. Es kann ihn nicht so leicht erschüttern, weil das Fundament, auf dem er steht, zwei Beine hat, beide Pole, die er in sich zugelassen hat.

Für C.G. Jung geht der Weg zum gesunden Selbstwertgefühl über die Annahme des Schattens, die Integration von anima und animus und über das Zulassen des Gottesbildes, das sich in der menschlichen Seele in Bildern und Symbolen ausdrückt. Jung spricht von

Selbstwerdung und nicht von Ichwerdung. Das Selbst ist etwas anderes als das Ich. Das Ich ist nur bewußt. Es ist der bewußte Kern, von dem aus ich mich entscheide. Das tritt deutlich nach außen, wenn ich sage: „Ich will das jetzt. Ich entscheide mich jetzt so. Ich gehe jetzt dahin. Ich habe keine Lust." Das Ich will imponieren. Wir halten uns oft genug am Ich fest. Um zum Selbst zu gelangen, muß ich das kleine Ich loslassen. Ich muß in meine eigene Tiefe steigen und den wahren Personkern entdecken. Oft aber fällt es den Menschen nicht leicht, „von ihrer Höhe herunterzusteigen und unten auch zu bleiben. Man fürchtet einen sozialen Prestigeverlust in erster Linie, und in zweiter Linie eine Einbuße des moralischen Selbstbewußtseins, wenn man sich seine eigene Schwäche gestehen müßte."[5] Wir müssen zuerst in die eigene Tiefe steigen, bevor wir dort auf das Gottesbild stoßen, das im Grunde unserer Seele bereitliegt. Nur der kann sein Selbst finden, der die Gottesbilder in sich zuläßt. Und nur, wer zu diesem inneren Kern, zu seinem wahren Selbst, gefunden hat, hat ein echtes Selbstwertgefühl.

Wer in Berührung ist mit seinem Selbst, der ist unabhängig von der Meinung der andern. Er findet zu sich selbst, zu seiner eigenen Würde. Und er wird fähig, bei sich zu bleiben, es bei sich auszuhalten. Die Reise in das eigene Innere ist so faszinierend, daß man Lob und Tadel von außen nicht mehr für so wichtig hält. Jung sagt das in einem Brief an einen deutschen Adressaten so: „Der Wert eines Menschen drückt sich in letzter Linie nie aus in der Beziehung zum andern

Menschen, sondern er besteht in sich selbst. Deshalb dürfen wir auch nie unser Selbstgefühl oder unsere Selbstachtung vom Verhalten eines anderen Menschen abhängig machen, wie sehr wir auch menschlich dadurch in Mitleidenschaft gezogen werden können."[6] Selbstwerdung heißt, zu seinem wahren Selbst kommen und dadurch unabhängig werden vom Urteil der Menschen.

Zum Selbstwertgefühl gehört für Jung auch die Aussöhnung mit der eigenen Lebensgeschichte. Letztlich hat es keinen Sinn, immer wieder in seiner Vergangenheit herumzuwühlen und dort die Gründe für mangelndes Selbstvertrauen zu finden. Irgendwann einmal muß jeder die Verantwortung für sein Leben übernehmen. Er muß seine Vergangenheit als das Material annehmen, das zu formen er bereit ist. Man kann aus Holz eine schöne Figur schnitzen, aus Stein etwas Bewundernswertes hauen und aus Ton etwas Wertvolles formen. Aber ich muß das Holz wie Holz bearbeiten und den Stein als Stein. Sonst kann ich keine Figur daraus gestalten. Unsere Vergangenheit ist das Material, das uns zur Verfügung steht. Wir können mit unserer Vergangenheit, ganz gleich, ob sie Holz oder Stein oder Ton ist, eine schöne Gestalt formen. Aber wir müssen uns auf das Material einlassen. Wir müssen uns aussöhnen mit unserer Lebensgeschichte. Dann kann sie für uns wertvoll werden. Ich sage den Menschen, die ich begleite, immer wieder: „Deine Geschichte ist dein Kapital. Wenn du dich aussöhnst mit deinem Lebensweg, dann kann er gerade auch mit seinen schwierigen Wegstrecken Frucht bringen für viele."

Wenn ich die Verantwortung für mein Leben übernehme, höre ich auf, bei andern die Schuld für meine Misere zu suchen. Die Verantwortung wird mir die Augen öffnen für die Möglichkeiten, die allein ich habe, für das einmalige Bild, das Gott sich nur von mir gemacht hat. Dazu muß ich aber Abschied nehmen von allzu hohen Idealen, mit denen ich mich vielleicht identifiziere. Es geht nicht darum, perfekt und fehlerlos zu werden, sondern ganz, eins mit sich selbst, mit allen Gegensätzen, die in mir sind. Ein gesundes Selbstwertgefühl zu haben bedeutet für C. G. Jung, daß ich ein Gespür habe für das Helle und Dunkle in mir, für die Höhen und Tiefen, für das Gute und das Böse, für das Göttliche und für das Menschliche. Es besteht in der Ahnung, daß Gott in mir auf einmalige Weise geboren werden will. Das Selbst ist letztlich das Bild Gottes in mir, das einzigartige Bild, das Gott sich nur von mir gemacht hat.

Das spirituelle Selbst

Schon für C. G. Jung ist das Selbst mehr als das Ergebnis unserer Lebensgeschichte. Wer wir in Wirklichkeit sind, so sagt heute die Transpersonale Psychologie, das entdecken wir erst, wenn wir unsere vielen Identifikationen aufheben. Wir identifizieren uns oft mit den Meinungen unserer Eltern, wir definieren uns von Erfolg und Leistung, von Anerkennung und Bestätigung, von Zuwendung und Beziehungen her. Solange wir uns mit unseren Gefühlen und Bedürfnissen, mit unserer Krankheit oder Gesundheit identifizieren, sind wir davon abhängig und werden blind für die eigentliche Wirklichkeit des wahren Selbst. Wir müssen die Identifikation mit Menschen, mit Rollen, mit unserer Arbeit und Leistung aufgeben, um zu entdecken, wer wir eigentlich sind. Wir müssen uns disidentifizieren, um unser spirituelles Selbst zu finden.

Die Transpersonale Psychologie hat die Übung der Disidentifikation entwickelt. Ich beobachte meine Gedanken, Gefühle, Leidenschaften und sage mir dann vor: „Ich spüre meinen Ärger, ich beobachte ihn. Aber ich bin nicht mit meinem Ärger identisch. Ich bin nicht mein Ärger. In mir ist ein Punkt, der den Ärger beobachten kann, der selbst nicht mehr vom Ärger bestimmt wird. Es ist der unbeobachtete Zeuge, das wahre Selbst." Roberto Assagioli, ein italienischer Psychiater, hat diese Disidentifikationsübung entwickelt. Zuerst soll man seinen Körper spüren und sich dann bewußtmachen, daß er wandelbar ist. Vom Körper soll man dann zum spirituellen Selbst zurückgehen, zum Zentrum reinen Bewußtseins, das den veränderlichen Körper beobachtet und selbst konstant und unveränderlich bleibt. Das macht unsere wahre Identität aus. Dieses spirituelle Selbst nennt Assagioli auch „ein Zentrum reiner Selbst-Bewußtheit und Selbst-Verwirklichung".[7]

Wir sind also mehr als das Ich, das sich behaupten möchte, das sicher und selbstbewußt auftritt. Das spirituelle Selbst ist die innere Heimat, in der wir ganz bei uns sind, in der wir entdecken, daß unser wahres Selbst von Gott geformt worden ist. Es ist das einmalige und unverwechselbare Bild, das Gott sich von uns gemacht hat. Es geht also nicht darum, nur selbstsicher und selbstbewußt aufzutreten. Wir sind mehr als das, was wir nach außen hin leben, ob wir da sicher oder unsicher sind, ob wir da stark oder schwach erscheinen. Daher ist es unsere Aufgabe, die eigene Selbsteinschätzung loszulassen. Es ist nicht wichtig, wie ich mich selber einschätze, ob ich mich als besser und stärker beurteile als die andern. Ich entdecke mein Selbst nicht, indem ich die Wunden meiner Kindheit betrachte und meine Ängste analysiere, die von meinem mangelnden Selbstvertrauen herrühren. Entscheidend ist, daß ich das Geheimnis meines wahren Selbst entdecke. Für den transpersonalen Psychologen Bugental liegt unser Problem darin, daß wir unser Selbst immer außen suchen, in äußerer Bestätigung, in äußeren Erfolgen, in äußerer Sicherheit. Wir können es aber nur innen finden, in der inneren Welt unserer Seele, in unserer wahren Heimat: „Unsere Heimat liegt innen. Und dort sind wir souverän. Solange wir diese uralte Wahrheit nicht neu entdecken, und zwar jeder für sich und auf seine Weise, sind wir dazu verdammt, umherzuirren und Trost dort zu suchen, wo es keinen gibt – in der Außenwelt." [8] Es ist also zu wenig, nach außen hin ein starkes Selbstbewußtsein zu entwickeln, gut aufzutreten, Kritik wegzustecken und mit Widerständen gut umzugehen. Dann erscheinen wir zwar nach außen hin selbstsicher und selbstbewußt. Aber unser wahres Selbst haben wir nicht entdeckt. So ist dieses Selbstbewußtsein auf Sand gebaut. Wir sind nicht wirklich in Berührung mit unserem wahren Selbst.

Mein wahres Selbst ist mehr als das Ergebnis meiner Lebensgeschichte, mehr als das Ergebnis meiner Erziehung und meiner Arbeit an mir selbst. Es ist etwas Gottunmittelbares, ein Geheimnis, weil Gott selbst sich darin auf einmalige Weise ausdrückt. Es ist das ursprüngliche Bild, das Gott sich von mir gemacht hat. Es ist das einzigartige Wort Gottes, das in mir Fleisch werden will. Es ist das Urwort Gottes, von dem Romano Guardini sagt, daß es einzig und allein diesen einen Menschen meint. Das Wort, das durch uns vernehmbar werden soll in der Welt. Das spirituelle Selbst ist dieses einmalige und unverwechselbare Wort Gottes, das in mir sichtbar und hörbar werden möchte.

Es gibt viele Bilder für das Selbstwertgefühl, Bilder, wie sie die verschiedenen Psychologen entworfen haben. Wir könnten aber auch die Bilder anschauen, wie sie die Bibel für ein gesundes Selbstwertgefühl wählt. Da ist das Bild des Baumes, der aus dem kleinen unscheinbaren Senfkorn entsteht (Mt 13,31f). Der Baum ragt hoch empor, er treibt seine Wurzeln tief in die Erde hinein. Er ist das Bild für einen Menschen, der zu sich steht, der sich nicht so leicht umwerfen läßt. Er ist fest gegründet in Gott. Nun kann sich jemand an ihn anlehnen, in seinem Schatten Schutz suchen und Heimat. Da ist das Bild vom Schatz im Acker (Mt 13,44f). Der kostbare Schatz steht für unser Selbst. Er ist mitten im Acker, mitten im Dreck. Wir müssen die Erde aufgraben, um unser wahres Selbst zu finden. Da ist das Bild von der kostbaren Perle (Mt 13,45f). Die Perle wächst in der Wunde der Auster.

Mitten in unseren Wunden können wir unser Selbst finden, das Bild, das Gott sich von uns gemacht hat. Die Wunde zerbricht all die Bilder, die wir uns übergestülpt haben und mit denen wir unser wahres Selbst verdecken.

Mit diesen Bildern will uns die Bibel zeigen, wer wir eigentlich sind, daß unser Selbst ein Geheimnis ist, in dem Gott selbst sich zeigt, in dem wir Anteil haben an Gott. Und sie will uns zeigen, daß wir mehr sind als unsere Lebensgeschichte und die Vergangenheit, die uns geprägt hat. Das wird etwa im Bild des Baumstumpfs deutlich, aus dem ein Reis hervorwächst. Aus dem Abgehauenen, Abgerissenen, Verwundeten, Gescheiterten wächst ein neues Reis hervor. Das Selbst ist nicht etwas, das wir festhalten können. Es wird gerade dann sichtbar, wenn etwas in unserem Leben abgehauen und abgeschnitten wird. Das ist die tröstliche Botschaft der Bibel, daß dieses Selbst aus den Scherben unseres Lebens neu erstehen kann, daß es gerade dort, wo alles unfruchtbar erscheint, aufblüht und für andere zum Segen wird (vgl. Jes 11,1). Das ist ein tröstliches Bild, das unser Selbst nicht mit äußerem Erfolg und äußerer Sicherheit verwechselt, sondern mitten im Scheitern, mitten in den Verletzungen und Verwundungen ein von Gott geformtes Selbst entdeckt, das jede äußere Verwüstung und Zerstörung übersteht, weil es aus Gottes Hand kommt.

2. Bilder für mangelndes Selbstwertgefühl

In die Seelsorge kommen immer mehr Menschen mit mangelndem Selbstwertgefühl. Häufig erklären die Ratsuchenden ihre Probleme damit, daß sie eben kein Selbstvertrauen hätten, daß sie nur ein geringes Selbstwertgefühl besäßen. Manchmal habe ich den Eindruck, daß die Leute froh sind, die Ursache für ihre Probleme in mangelndem Selbstwertgefühl gefunden zu haben. Die Frage ist aber, wie man ein besseres Selbstwertgefühl erreichen kann, wie man an sich arbeiten kann, um sicherer zu werden. Ich möchte einige Bilder solch schwachen Selbstvertrauens schildern, da Bilder oft mehr aussagen als psychologische Theorien und Modelle. Ich möchte mich wieder auf biblische Bilder beschränken.

Der Kleine

Beim Reden über Arbeitskollegen oder Freunde hört man oft die Erklärung, der andere sei so eigenartig, weil er Minderwertigkeitskomplexe habe. Jeder Hobbypsychologe kennt das Wort, das Alfred Adler in seiner Individualpsychologie geprägt hat.[9] Häufig werden die Minderwertigkeitskomplexe dadurch kompensiert, daß man besonders auffällt. Beim einen verstecken sich die Minderwertigkeitsgefühle hinter einem arroganten Verhalten. Man baut sich eine Fassade von Selbstsicherheit auf, trägt seine Nase hoch und schaut auf die andern herab. Oft ist das ein Zeichen dafür, daß hinter der Fassade kein ansehnliches Bauwerk steckt, sondern nur eine dürftige Hütte. Die möchte man jedoch hinter seiner arroganten Fassade verstecken. Beim andern geschieht die Kompensation, indem man mit seinem Geld oder seinen Fähigkeiten angibt.

Die Zachäusgeschichte ist eine typische Geschichte für den Minderwertigkeitskomplex und den Versuch, ihn zu kompensieren (Lk 19,1–10). Von Zachäus, dem Oberzöllner, heißt es, daß er klein von Gestalt war. Das ist wohl ein Bild für einen Menschen, der sich klein fühlt und sich daher erst recht groß machen muß. Zachäus versucht, seine Minderwertigkeitsgefühle zu kompensieren, indem er möglichst viel Geld verdient. Als oberster Zollpächter treibt er gnadenlos Geld ein. Wenn er der reichste Mann wäre, so denkt er wohl, dann würde er endlich von allen geachtet und geschätzt. Aber das Gegenteil ist der Fall. Je mehr er seine Minderwertigkeit durch Geld zu kompensieren sucht, desto mehr wird er von allen abgelehnt. Er wird von den Frommen als Sünder ausgegrenzt. Er gerät in den Teufelskreis, der für viele Menschen, die „klein von Gestalt" sind, typisch ist. Man möchte seine Minderwertigkeit kompensieren, indem man auffällt, indem man der Beste in der Klasse wird oder indem man immer mehr Reichtum anhäuft. Man möchte endlich bei den andern etwas gelten und übertreibt beim Schildern seiner Fähigkeiten und Erlebnisse. Aber je mehr man seine Geltung und sein Genie herausstellt, desto mehr wird man abgelehnt. Wir reagieren ja meistens ähnlich, wenn einer in unserer Gemeinde, in unserer Firma, in der Familie immer angibt. Unwillkürlich wächst da in uns ein Gefühl von Ablehnung. Der Slogan „Wer angibt, hat mehr vom Leben“ stimmt nicht. Wer angibt, wer seine Minderwertigkeit kompensiert, wird abgelehnt und hat somit immer weniger vom Leben.

Jesus heilt das mangelnde Selbstwertgefühl des Zachäus, indem er ihn einfach anschaut und sich selber bei ihm zum Essen einlädt. Er verurteilt ihn nicht, macht ihm keine Vorhaltungen, sondern nimmt ihn vorbehaltlos an. Diese Erfahrung, ohne Bedingung angenommen zu werden, verwandelt den reichen und geizigen Zöllner. Jetzt tut er mehr als die Frommen, die ihn verurteilen. Jetzt gibt er die Hälfte seines Vermögens den Armen. Jetzt braucht er sich selbst nicht mehr groß herauszustellen. Jetzt sucht er die Gemeinschaft mit den Menschen, teilt mit ihnen seine Habe und sein Leben. So fühlt er sich als Mensch unter Menschen. Ja, in seinem Hause sammeln sich alle Zöllner und Sünder und halten Mahl mit Jesus, der ihnen Gottes Barmherzigkeit und Menschenfreundlichkeit erweist.

Die Heilung des Minderwertigkeitsgefühls geht für Alfred Adler allein durch das Gemeinschaftsgefühl. Das hat Lukas in seiner Zachäusgeschichte genauso gesehen. Nicht das Kreisen um sich selbst, nicht die Suche nach Anerkennung und Geltung führt zu einem besseren Selbstwertgefühl, sondern die Bereitschaft, sich auf andere Menschen einzulassen, mit ihnen sein Leben zu teilen. Im geglückten Miteinander erlebe ich mich als wertvoll, als akzeptiertes Glied der menschlichen Gemeinschaft.

Der Gelähmte

Jesus heilt einen Gelähmten, den vier Leute durch das Dach des Hauses direkt vor seine Füße legen (Mk 2,1–12). Jesus erkennt, daß die Lähmung nicht nur äußerlich ist, sondern von einer inneren Haltung bestimmt. Deshalb vergibt er ihm zuerst die Sünden. Zuerst muß der Gelähmte seine innere Haltung ändern, bevor er auch körperlich aufstehen kann. Menschen, die unter mangelndem Selbstwertgefühl leiden, fühlen sich oft gelähmt. Sie fühlen sich in Gegenwart von bestimmten Menschen blockiert. Da können sie nicht aus sich heraus. Da trauen sie sich nicht, ihre eigene Meinung zu sagen. Sie geben andern soviel Macht, daß sie in ihrer Nähe voller Hemmungen sind. Oder sie trauen sich nicht, in einer Gruppe etwas zu sagen. Sie haben Angst, es könnte nicht so gut sein, die andern könnten darüber lachen. Der Gelähmte ist nicht bei sich. Er schaut ständig auf die andern, was die wohl denken könnten, wie er wohl auf sie wirkt. Oft genug bilden sie sich dann ein, daß die andern sich über sie Gedanken machen, daß sie über sie lachen und schlecht über sie reden. Sie beziehen alles, was sie bei andern Menschen sehen, sofort auf sich. Das lähmt sie.

Eine Frau kommt in die Kirche und fühlt sich von allen beobachtet. Sie möchte am liebsten hinauslaufen, um den Blicken der andern zu entgehen. In Wirklichkeit schauen die andern gar nicht auf sie. Es ist ein häufiges Phänomen, daß Menschen ohne Selbstvertrauen meinen, die andern würden sie ständig beobachten, die andern würden über sie reden. Da fährt jemand in der S-Bahn und glaubt, die Jugendlichen nebendran würden sich über ihn lustig machen. In Wirklichkeit haben sie miteinander viel zu lachen. Wer nicht in sich steht, der bezieht alles auf sich. Die andern reden über mich, sie beobachten mich, sie sehen, wie unsicher ich bin. Sie denken nach über mich, sie verfolgen mich. Ich habe das selbst erlebt, als ich nach der Priesterweihe und meiner Promotion in Theologie nochmals anfing, Betriebswirtschaft zu studieren. Da war ich völlig verunsichert in meiner Rolle, und auch persönlich ging es mir nicht gut. Da war es mir immer unangenehm, in der Straßenbahn zur Uni zu fahren. Ich dachte immer, die andern würden mich anstarren. Ich war nicht bei mir. Die einzige Hilfe war, mich in mein Skriptum zu vertiefen und mich so von den andern abzulenken. Mir half da nicht weiter, mir einzureden, daß die mich doch nicht beobachten. Ich mußte mir vielmehr vorsagen: „Und wenn sie mich beobachten, dann ist es eben ihr Problem. Ich bin ich.“ Das half allmählich, mich unabhängiger von den andern zu machen.

Bei einer Frau äußert sich ihr geringes Selbstwertgefühl darin, daß sie sich ständig von ihrem Mann kontrolliert fühlt. Als ich sie fragte, ob ihr Mann sie wirklich kontrollieren wolle, oder ob sie sich das nur einbilde, mußte sie zugeben, daß sie eben jede Frage des Mannes schon als Kontrollieren oder als Kritik verstehe. Weil sie kein Selbstvertrauen hat, erlebt sie jedes Wort ihres Mannes als Ablehnung. Dann fühlt sie sich gelähmt. Sie hat den Eindruck, daß ihr Mann sie nicht ernst nehme. In Wirklichkeit nimmt sie sich selbst nicht ernst. Sie traut sich nichts zu. Sie leidet darunter, daß Menschen sie nicht ernst nehmen. In Wirklichkeit aber schätzen die andern sie sehr. Nur weil sie sich selbst nicht schätzt, hat sie den Eindruck, alle andern würden sie nicht wertschätzen. Weil sie sich selbst nicht ernst nimmt, fühlt sie sich von den andern nicht ernst genommen. Wenn beide Ehepartner wenig Selbstwertgefühl haben, können sie meistens nicht sachlich streiten. Jeder fühlt sich durch die Bemerkung des andern angegriffen und muß sich gleich verteidigen und rechtfertigen. Jede kleine Kritik zieht ihnen schon den Boden unter den Füßen weg, und so müssen sie sich krampfhaft behaupten. Jeder hat Angst zu verlieren und muß daher ständig den andern verletzen. So entsteht ein heilloses Durcheinander, ein ewiger Grabenkampf, obwohl beide Partner sich nach wie vor lieben.

Jesus heilt den Gelähmten, indem er ihn einfach auffordert: „Steh auf, nimm deine Tragbahre, und geh nach Hause!“ (Mk 2,11). Er hindert mit diesem Befehl den Gelähmten daran, um sich selbst zu kreisen, sich Gedanken zu machen, ob er wohl richtig gehen und zu sich stehen könne. Alle diese Grübeleien hindern ihn nur, aufzustehen. Als ich einmal für Psychologen einen Kurs über tiefenpsychologische Schriftauslegung hielt, waren sie begeistert über die konfrontierende Therapiemethode Jesu. Einer meinte, die anerkannt wichtigste Aufgabe der Psychologie sei, den andern zu verstehen. Aber er spüre, daß Verstehen allein zu wenig sei. Da sehne er sich nach der konfrontierenden Methode Jesu. Durch die Konfrontation desillusioniert Jesus den Kranken. Er läßt ihm keinen Ausweg mehr, sich der eigenen Wahrheit zu stellen. Er kann sich nichts mehr vormachen. Jetzt bleibt ihm nichts anderes übrig, als aufzustehen. Das Bett als Zeichen seiner Krankheit muß er unter den Arm nehmen und spazierentragen. Wir alle würden gerne unsere Hemmungen und Unsicherheiten loswerden. Wir ärgern uns über unsere Lähmungen und würden gerne aufstehen. Aber wir stehen nur auf, wenn wir auch sicher sind, daß uns die andern unsere Schwächen und Hemmungen nicht mehr anmerken. Jesus aber fordert uns auf, unsere Hemmungen anzunehmen, sie gleichsam unter den Arm zu nehmen, spielerisch mit ihnen umzugehen, anstatt uns von ihnen lähmen zu lassen. Das Bett, das wir unter dem Arm tragen, erinnert uns und die andern daran, daß wir immer noch unsicher und gehemmt sind. Aber wir lassen uns davon nicht mehr ans Bett fesseln. Wir stehen dazu und tragen es mit uns herum, ohne uns davon bestimmen zu lassen.

Der Vergleicher

Im 5. Kapitel des Johannesevangeliums sieht der Kranke die Ursache seiner Krankheit darin, daß er zu kurz gekommen ist. Die andern sind schneller. Sie haben jemanden, der sie in den Teich trägt, sobald das Wasser aufwallt. Das Vergleichen ist häufig Ausdruck mangelnden Selbstwertgefühls. Wer sich ständig mit andern vergleicht, hat kein Gespür für sich selbst, für den eigenen Wert, für sein Leben. Er definiert sich nur im Vergleich mit andern. Und da schneidet er immer schlechter ab. Es gibt immer Menschen, die schneller sind als ich, die begabter sind, die beliebter sind, die besser aussehen als ich. Solange ich mich mit andern vergleiche, bin ich nicht bei mir. Ich spüre mich nicht.

Eine Frau geht gerne in einen Frauenkreis. Aber oft fühlt sie sich dort unwohl. Sie vergleicht sich mit den andern. Die andern haben studiert, sie nicht. Die andern können besser reden als sie. Was werden sie denken, wenn sie so ungeschickt daherredet? Sie zergrübelt sich beim Gespräch den Kopf darüber, was die andern besser können als sie, wo sie selber benachteiligt ist. Jesus heilt den Vergleicher, indem er ihm das Grübeln verbietet. Er sieht ihn erst an und gibt ihm damit Ansehen. Er erkennt seinen Zustand, und er fragt ihn: „Willst du gesund werden?“ (Joh 5,6). Er konfrontiert ihn mit sich selbst, mit dem eigenen Willen. Statt sich mit den andern zu vergleichen, soll er sich selber fragen, was er denn eigentlich mit seinem Leben wolle. Jesus schneidet dem Vergleicher jede Ausrede ab. Es ist nicht wichtig, was die andern tun und sagen, wie sie beschaffen sind, ob sie besser oder schneller sind. Es kommt nur darauf an, was ich selbst mit meinem Leben mache, ob ich für mich selbst die Verantwortung übernehme. Als der Kranke mit seinem Vergleichen der Frage Jesu ausweichen möchte, befiehlt er ihm ähnlich wie in der vorigen Geschichte: „Steh auf, nimm deine Bahre und geh!“ (Joh 5,8). Du kannst aufstehen, du kannst gehen. Laß das Vergleichen, laß das Jammern, laß das Weinen! Steh auf, stell dich, richte dich auf, sei aufrecht! Du kannst gehen. Es geht schon.

Der Angsthase

Im Gleichnis von den Talenten geht es auch um das Vergleichen. Da hat der dritte Knecht das Gefühl, daß er zu kurz gekommen sei. Aber in dieser Geschichte wird noch ein anderer Aspekt mangelnden Selbstwertgefühls beschrieben: die Angst. Der dritte Diener entschuldigt sich beim Herrn dafür, daß er sein Talent vergraben hat: „Herr, ich wußte, daß du ein strenger Mann bist; du erntest, wo du nicht gesät hast, und sammelst, wo du nicht ausgestreut hast; weil ich Angst hatte, habe ich dein Geld in der Erde versteckt. Hier hast du es wieder" (Mt 25,24f). Die Angst vor dem Herrn ist der Grund, daß der Diener sein Talent vergräbt, daß er am Leben vorbeilebt. Er hat Angst, ihm könne bei der Abrechnung etwas fehlen, er könne beim Spekulieren etwas verlieren. Die Angst führt ihn dazu, sich abzusichern. Er möchte auf jeden Fall vermeiden, einen Fehler zu machen. Er möchte auf Nummer Sicher gehen. Und die Angst treibt ihn dazu an, sich und sein Leben zu kontrollieren. Er gräbt das Talent ein, um es zu kontrollieren. Aber es ist ein Grundgesetz des Lebens, daß der, der alles kontrollieren will, irgendwann die Kontrolle über sein Leben verliert. So ein Leben aus der Angst wird schließlich zum Heulen und Zähneknirschen. Der dritte Knecht hat Angst vor Gott. Viele Menschen sind in ihrem

Selbstwertgefühl verletzt worden, weil ihnen ein Gott gepredigt worden ist, der Angst einflößt. Das Selbstbild hängt sehr stark vom Gottesbild ab. Das Gottesbild ist das stärkste archetypische Bild in uns. Es hat die größte Wirkung auf unser Selbsterleben und Selbstbild. Wer als Kind beim Denken an Gott gleich Angst bekommt, weil der Gott, der ihm verkündet worden ist, Angst macht, der muß sich vergraben, er muß versuchen, alles zu kontrollieren. Sein Selbstbild wird katastrophal. Er hat nicht nur Angst vor Gott, sondern vor allem, was ihn bedroht. Er hat Angst vor dem Tod, Angst vor Versagen, Angst, sich vor andern zu blamieren. Jesus will mit dem Gleichnis von den Talenten zeigen, daß so ein Mensch, der ein angstmachendes Gottesbild hat, keine Chance hat. Ihm wird alles genommen. Selbst das, was er hat, wird ihm noch weggenommen (Mt 25,29). Indem Jesus die Konsequenz der Angst beschreibt, will er uns einladen, den Weg des Vertrauens zu gehen, unser Leben zu wagen, uns selbst aufs Spiel zu setzen. Es kommt nicht darauf an, daß wir unsere Talente vermehren, sondern daß wir unser Leben wagen.

Wenn jemand in der Kindheit Gott als Buchhaltergott oder als Willkürgott erfahren hat, wenn er ihn als strengen und strafenden Richter sieht, dann kann sich kein Gespür für den eigenen Wert entwickeln. Vor dem Buchhaltergott, der alles aufschreibt, was ich tue, habe ich keine Chance, mich als wertvoll zu erleben. Da fühle ich mich ständig beurteilt und verurteilt. Vielen Männern und Frauen wurde in ihrer Kindheit ein Gott verkündet, der ihnen nicht gönnt, daß sie sich am

Leben freuen, der sie unterdrückt und erniedrigt, der sie richtet, statt aufzurichten. Ein grausames Gottesbild führt immer auch zu einem katastrophalen Selbstbild. Das Bild des strafenden Gottes wird oft verinnerlicht in einem grausamen Gewissen, das sich selbst quält, das sich selbst bestraft und sich ständig entwertet und abwertet. Im grausamen Gewissen übt das verinnerlichte Gottesbild seine destruktive Macht aus, ohne daß man sich dagegen wehren kann. Die Angst vor Gott führt zu einer Angst vor sich selbst, vor den Abgründen der eigenen Seele. Man traut sich nicht, in sich selbst hineinzuschauen und zu allem, was in einem ist, ja zu sagen.

Die Verletzungen durch das Gottesbild sind offensichtlich bei Männern und Frauen verschieden. Männer werden in ihrem Selbstwertgefühl beeinträchtigt durch einen Gott, der nur Demütige belohnt, vor dem wir nur Empfangende, aber keine Mitschöpfer sein dürfen, vor dem wir uns immer nur als Sünder fühlen dürfen, indem unsere Stärke von vornherein madig gemacht wird. Viele Frauen wurden verletzt durch ein einseitig männliches Gottesbild und durch eine rein rationale Theologie, die unbewußt mit dem Gefühl auch die Frau abwertet. In katholischen Kreisen erfahren die Frauen den Ausschluß vom Priesteramt oft als Entwertung. In pietistischen Kreisen haben Frauen manchmal den Eindruck, daß sie ihr Frausein verleugnen und nur als asexuelles Neutrum auftreten dürfen. In solcher Umgebung tut sich eine Frau schwer, sich als wertvoll zu erleben und ein gesundes Selbstwertgefühl zu entwickeln.

Der Bucklige

Am schlimmsten hat die Frömmigkeit die Menschen mit einem falschen Demutsbegriff entwertet. So verstehen manche Demut als Selbsterniedrigung, Selbstentwertung und Selbstzerstörung. Man darf auf das Gute, das Gott einem geschenkt hat, nicht stolz sein. Schon den berechtigten Stolz auf das, was in uns ist, lehnt man als Hochmut vor Gott ab. Wenn Jesus sagt : „Wer sich selbst erniedrigt, wird erhöht werden" (Lk 14,11), dann hat das den Sinn: Wer den Mut hat, hinabzusteigen in die eigene Realität, in die Dunkelheit seiner Seele, der wird aufsteigen zu Gott. Wer den Mut hat, seine Erdhaftigkeit anzunehmen (humilitas = Demut, kommt von humus, Erde), der versteht auch, wer Gott ist, der kommt Gott näher. Insofern ist Demut etwas ganz Modernes. Sie bezeichnet den Mut, in die eigene Realität, in den Schatten seiner selbst hinabzusteigen, um gerade so zu Gott aufzusteigen. Wir aber haben Demut oft mißverstanden als bucklige Haltung, in der wir uns selber klein machen und entwerten, in der wir uns selber nichts zutrauen und uns dafür entschuldigen, daß wir überhaupt da sind. Mit dieser mißverstandenen Demut haben wir die Botschaft Jesu verfälscht und viele Christen dazu geführt, sich selbst zu erniedrigen und zu entwerten, alles Große in sich sofort als Stolz zu verdächtigen und so Gottes Herrlichkeit im Menschen zu verleugnen.

Ein falscher Demutsbegriff hat die Menschen gebeugt. Jesus will aber nicht den gebeugten und gekrümmten, sondern den aufrechten Menschen. Das schildert uns Lukas in der berühmten Geschichte von der Heilung der Frau mit dem gekrümmten Rücken (Lk 13,10–17). Da ist eine Frau seit 18 Jahren krank. „Ihr Rücken war verkrümmt, und sie konnte nicht mehr aufrecht gehen“ (Lk 13,11). Der gekrümmte Rücken offenbart ihr geringes Selbstwertgefühl. Sie kann sich dem Leben nicht aufrecht stellen. Sie kann nicht zu ihrer Würde stehen. Sie ist von der Last des Lebens erdrückt worden. Vielleicht haben andere sie unterdrückt, so daß sie nicht dagegen ankonnte. Vielleicht hat ihr jemand das Rückgrat gebrochen. Vielleicht hat sie alle ihre verdrängten Gefühle in den Rücken verbannt. Der konnte die Last nicht-zugelassener Gefühle nicht mehr tragen. Jesus richtet die Frau auf, indem er sie anschaut, sie zu sich ruft und ihr all das Positive zusagt, das er in ihr sieht. Und er berührt sie zärtlich. Er sagt nicht einfach: „Kopf hoch“, sondern er berührt die Frau, damit sie selber in Berührung kommt mit der Kraft und der Würde, die in ihr ist. Von Jesu Liebe berührt, richtet sie sich sofort auf und lobt Gott. Jetzt spürt sie ihre unantastbare Würde als Frau und fängt mitten in der Synagoge an, Gott zu preisen. Jesus will den aufrechten Menschen, während der Synogenvorsteher, der auch kein Rückgrat hat und sich statt dessen hinter der rigiden Norm verschanzt, die Menschen unter das Joch des Gesetzes beugen möchte.

Jesus richtet die Frau am Sabbat auf, und zwar in der Synagoge beim Gottesdienst. Damit zeigt er, wie er unsern Gottesdienst verstanden wissen möchte. Wir feiern nicht in seinem Namen Gottesdienst, wenn wir den Menschen Lasten aufbürden, wenn wir ihnen ein schlechtes Gewissen einimpfen und sie auffordern, als Sünder sich vor Gott zu beugen und sich klein zu machen. Im Sinne Jesu ist nur ein Gottesdienst, in dem Menschen sich aufrichten, in dem sie ihre unantastbare göttliche Würde entdecken. Die Botschaft von dem Gott, der uns seine göttliche Würde schenkt, richtet die Menschen auf und stärkt damit ihr Selbstwertgefühl.

Manchmal mache ich bei Kursen die Übung, daß wir zuerst aufrecht stehen und so die Verbindung zwischen Himmel und Erde spüren. Dann lassen wir erst den Kopf fallen und dann die Schultern. Das engt ein und schneidet den Atemfluß ab. Dann gehen wir gekrümmt durch den Raum. Man sieht nur den engen Horizont um seine Füße. Das Gesicht verfinstert sich immer mehr, die Stimmung sackt ab. Dann richte ich den ersten auf, indem ich seinen Rücken streichle. Wenn ich lange genug mit meinen Händen den Rücken massiere, dann richtet sich der Gebeugte von alleine auf. Ich habe ihn durch meine Behandlung nicht gedemütigt, sondern indem ich ihn berührt habe, kam er selbst in Berührung mit der eigenen Kraft.

Für mich ist die Heilung der gekrümmten Frau ein Bild für unser Christsein. Wir sind Jünger und Jüngerinnen Christi, wenn wir unsere unantastbare Würde spüren. Wir glauben an Christi Auferstehung, wenn wir aufrecht durch die Welt schreiten. Wir sind mehr als unser Alltag mit seinen Sorgen und Mühen. Wir sind Söhne und Töchter Gottes. In der Liturgie spielen wir uns immer wieder in diese Würde der Kinder

Gottes hinein, etwa indem wir in einer Prozession aufrecht schreiten oder mit ausgebreiteten Armen Gott loben. Wir beziehen unsern Selbstwert nicht durch unsere Leistung, sondern durch unsere Würde, die uns von Gott geschenkt wurde. Jesus wollte uns nicht zuerst als Sünder sehen, sondern in erster Linie als Söhne und Töchter Gottes, die Anteil haben am göttlichen Leben.

Daher widerspricht das ständige Kreisen um die Sünde dem Geist Jesu. In manchen kirchlichen Kreisen wird der Mensch erst ganz schlecht gemacht, damit er sich dann in das Erbarmen Gottes hinein flüchtet. Jedes Selbstwertgefühl wird mißtrauisch gesehen. Der Mensch muß erst gebrochen werden in seinem Selbstwert, damit er dann von Gott dankbar die Vergebung seiner Sünden annimmt. Natürlich sind wir in einer gewissen Weise vor Gott alle Sünder. Aber die frohe Botschaft Jesu ist, daß wir von Gott angenommen sind, daß wir sein dürfen, wie wir sind, daß wir bedingungslos angenommen sind. Das richtet uns auf. Die katholische Kirche feiert das Aufrichten der gekrümmten Frau in einem eigenen Fest. Es ist das Fest der ohne Erbsünde empfangenen Maria. In Maria feiern wir unsere eigene Erlösung. In uns, so sagt dieses Fest, ist ein Raum, zu dem die Sünde keinen Zutritt hat. Dort, wo Christus in uns ist, sind wir von der Sünde ausgenommen, dort hat die Sünde keine Chance. Dort sind wir in Berührung mit dem wahren Selbst, das von der Sünde nicht infiziert ist. Das Fest feiert, was der Epheserbrief von uns allen sagt: In Christus hat Gott, der Vater, „uns erwählt vor der

Erschaffung der Welt, damit wir heilig und untadelig leben vor Gott; er hat uns aus Liebe im voraus dazu bestimmt, seine Söhne zu werden durch Jesus Christus und nach seinem gnädigen Willen zu ihm zu gelangen, zum Lob seiner herrlichen Gnade“ (Eph 1,4–6).

Jesus will uns nicht in erster Linie sagen, daß wir Sünder sind, sondern daß wir Söhne und Töchter Gottes sind, daß Gott uns dazu erwählt hat, daß er in uns wohnen möchte, daß der Reichtum seiner Gnade, seiner Liebe, seiner Zärtlichkeit in uns sei (vgl. Joh 14,23 und Eph 1,7f). Die frühen Christen haben Gott immer wieder dafür gedankt, daß er sie durch die Auferstehung seines Sohnes aufgerichtet und ihnen eine göttliche Würde geschenkt hat. Nicht der gebeugte und erniedrigte, sondern der aufgerichtete, aufrechte Christ hat verstanden, was Jesus Christus uns durch seine Menschwerdung, seinen Tod und seine Auferstehung geschenkt hat.

Der Angepaßte

Ein anderes Bild für mangelndes Selbstwertgefühl zeigt uns die Heilung des Mannes mit der verdorrten Hand. Er steht für den Menschen, der sich angepaßt hat, der nichts mehr wagt. Mit den Händen berühren wir einander zärtlich. Mit den Händen packen wir etwas an, gestalten wir, sind wir kreativ. Dem Mann in dieser Geschichte (Mk 3,1–6) ist die Hand verdorrt. Er geht kein Risiko mehr ein. Oft genug trauen sich Menschen mit wenig Selbstwertgefühl nicht, die eigene Meinung zu sagen. Sie passen sich lieber an. Sie schauen in einer Gesprächsrunde zuerst einmal, was die herrschende Meinung ist. Dann vertreten sie die gleiche Ansicht. Sie trauen sich nicht, nein zu sagen, wenn jemand sie um etwas bittet. Sie möchten bei allen beliebt sein. Aber weil sie es jedem recht machen wollen, bleiben sie farblos und finden letztlich niemanden, der wirklich ihr Freund sein will. Vor lauter Rechtmachenwollen verlieren sie selber das Recht auf wirkliches Leben.

Der Grund dieses angepaßten Verhaltens ist, daß ich meinen Selbstwert allein von der Bestätigung und Zuwendung der andern empfange. Ich muß mir die Akzeptanz durch andere Menschen erkaufen. Ich habe als Kind nie erfahren, daß ich um meiner selbst willen angenommen worden bin. Ich bin immer nur unter der Bedingung akzeptiert worden, daß ich brav bin und mich anpasse. So versuche ich, mich anzupassen und mich bei allen beliebt zu machen. Frielingsdorf meint, wer nie bedingungsloses Angenommensein erfahren habe, entwickele Strategien des Überlebens, Strategien, sich die Akzeptanz zu erarbeiten durch Leistung oder durch Anpassung. Aber das ist eben kein Leben, sondern nur ein Überleben.[10] Solche Menschen leben immer in der Spannung, ob sie nun von den andern akzeptiert werden. Weil sie sich selbst nicht annehmen, kreisen sie immer nur darum, von andern angenommen zu werden, um so ihre Daseinsberechtigung zu erfahren. Und sie haben immer Angst, doch abgelehnt zu werden. Sie beziehen alles, was sie sehen, auf sich. Sie meinen, die andern würden über sie reden und über sie lachen. Weil sie sich selbst nicht annehmen, glauben sie, alle andern würden sie auch nicht annehmen. Und doch ist ihre tiefste Sehnsucht, endlich einmal akzeptiert zu werden, endlich einmal in den Augen der andern als wertvoll erachtet zu werden. So ein Ausschauhalten nach Bestätigung ist wirklich Leben auf reduziertem Niveau. Immer muß man sich nach den andern richten. Man hat Angst, die eigene Meinung zu sagen, weil sie lächerlich gemacht werden könnte.

Jesus heilt den angepaßten Mann, indem er ihn herausfordert: „Steh auf und stell dich in die Mitte!" (Mk 3,3). Jetzt kann er sich nicht mehr anpassen, jetzt muß er sich vor allen seiner eigenen Wahrheit stellen. Jetzt muß er zu sich stehen. Ja, jetzt wird er von allen Umstehenden kritisch gemustert. Denn die Pharisäer beobachten genau, ob Jesus ihn am Sabbat heilen und damit ein Gebot übertreten wird. Jesus paßt sich nicht an. Er tut das, was er für richtig hält. Und er steht zu seiner Haltung, zu seinem Glauben, daß für Gott der Mensch wichtiger ist als das Einhalten von Geboten. Er sieht jeden einzelnen der Pharisäer an, die kein Selbstwertgefühl haben, sondern sich hinter der gemeinsamen Norm verschanzen. Jesus schaut jeden an „voll Zorn und Trauer". Im Zorn wehrt er sich gegen ihre Herzenshärte. Er distanziert sich von ihnen und tut das, was für ihn stimmt. In der Trauer aber läßt er jeden an sich heran, versteht ihn und trauert über seine Verstocktheit, über das mangelnde Leben. Jesus hat ein starkes Selbstwertgefühl. Er weiß, was er will. Und er tut das, obwohl sich alle gegen ihn wenden. Er hat es nicht nötig, sich bei den Menschen beliebt zu machen. Er tut das, was er von Gott her spürt, und wird gerade so den Menschen gerecht.

Der Arrogante

Oft verbirgt sich ein mangelndes Selbstwertgefühl hinter der Fassade von Arroganz und Überheblichkeit. Man fühlt sich besser als die andern, entwertet sie, um sich selbst aufzuwerten. Man gibt sich selbstsicher und selbstbewußt. Aber das alles ist nur Schein. Man ist blind für die eigene Realität. Man sieht die blinden Flecken nicht, sondern hält sich für fehlerlos und vollkommen. Oft geben solche Menschen an mit ihren Vorzügen und Leistungen. Sie stellen sich vor den andern heraus. Vielen imponiert das. Die Einsichtigen dagegen berührt es peinlich, wenn es einer nötig hat, sich so auf das Podest zu stellen. Die Bibel schildert solche Menschen im Bild des Blinden. Der Blinde weigert sich, die eigene Realität anzuschauen, weil sie ihm unangenehm ist, weil sie unter seiner Würde ist. So verschließt er die Augen vor der eigenen Wirklichkeit, um an der Illusion der eigenen Größe weiterhin festhalten zu können.

Jesus heilt den Blindgeborenen, den, der von Geburt an die Augen verschlossen hat vor der eigenen Realität, indem er auf die Erde spuckt, mit dem Speichel einen Teig macht und dem Blinden auf die Augen streicht (Joh 9,6). Jesus konfrontiert ihn also mit der Erde, dem humus. Seine Überheblichkeit heilt er durch Demut, humilitas. Es braucht Mut, die eigene Erdhaftigkeit und Menschlichkeit anzunehmen und sich damit auszusöhnen, daß man von der Erde genommen ist. Jesus schmiert dem Blindgeborenen Dreck in die Augen, um ihm zu sagen: „Du kannst nur dann wirklich sehen, wenn du bereit bist, auch den Dreck in dir wahrzunehmen und dich damit auszusöhnen.“ Aber Jesus haut dem Blinden nicht die Wahrheit um die Ohren. Er streicht liebevoll diesen Brei aus Erde und Speichel über die Augen. Speichel ist etwas Mütterliches. Nur weil Jesus dem Blinden mütterlich und zärtlich begegnet, kann der seine Augen öffnen und seine eigene Wirklichkeit anschauen. Die humilitas (Demut) heilt die hybris (Hochmut). Humilitas hat nicht nur mit humus, mit der Erde zu tun, sondern auch mit Humor. Um sich selber annehmen zu können, braucht es Humor. Die Arroganten und Überheblichen sind meistens recht humorlos. Wehe, wenn jemand an ihrem Sockel kratzt! Jesus heilt den Blinden, indem er humorvoll mit ihm umgeht und es ihm so ermöglicht, sich mit seiner Menschlichkeit auszusöhnen und sich mit Humor selber anzunehmen.

Das waren einige Bilder für mangelndes Selbstwertgefühl, wie sie uns die Bibel beschreibt. Man könnte alle Heilungsgeschichten betrachten und jeweils in den Kranken Menschen sehen, die wenig Selbstwertgefühl haben. Da ist der Aussätzige, der sich selber nicht ausstehen kann. Weil er sich selbst nicht annimmt, fühlt er sich von allen abgelehnt, ausgegrenzt (Mk 1,40–45). Da ist die blutflüssige Frau, die sich verausgabt, nur um etwas Zuwendung zu bekommen, und der es dabei immer schlechter geht, die immer mehr

Blut verliert, immer schwächer wird (Mk 5,25–34). Da ist die Tochter des Jairus, die sich nicht zu leben traut, die nicht erwachsen werden will, die nicht wagt, aufzustehen gegenüber ihren Eltern (Mk 5,21–24.35–43). Da ist der Taubstumme, der verstummt ist aus Angst, er würde mit dem, was er sagt, abgelehnt und lächerlich gemacht, der seine Ohren verschlossen hat, aus Angst, er könne Negatives über sich hören (Mk 7,31–37). Da ist der besessene Junge, der seine Gefühle nicht ausdrücken kann und daher von seinen Aggressionen hin- und hergezerrt wird, weil sein Vater nicht an ihn glaubt (Mk 9,14-29). Da ist der Jüngling von Nain, der junge Mann, der leben möchte und nicht leben kann (Lk 7,11–17). In der Begegnung mit Jesus bekommen diese Menschen den Mut, zu sich zu stehen, sich selbst anzunehmen, sich aufzurichten und ihren wahren Wert zu entdecken. Jesus vermittelt ihnen, daß sie wertvoll und einzigartig sind durch die Worte, die er zu ihnen sagt, durch seinen Blick, mit dem er sie liebevoll anschaut, und durch die zärtliche Berührung. Und er zeigt uns damit Wege auf, wie wir einander helfen können, unsern Selbstwert zu entdecken und an ihn zu glauben.

3. Wege zu einem gesunden Selbstwertgefühl

Es gibt viele Wege, ein gesundes Selbstwertgefühl zu entwickeln. Da gibt es psychologische Wege, wie sie heute in vielen Ratgeberbüchern beschrieben sind. Da gibt es die Wege, wie sie die Bibel uns aufzeigt. In der Bibel können wir eine eigene Therapie Jesu entdecken, wie er Menschen zu einem gesunden Selbstwertgefühl verhilft. Ich möchte nur ein paar Wege kurz aufzeigen, die mir wichtig erscheinen. Sie verbinden immer schon die psychologische und die spirituelle Ebene.

Die Annahme seiner selbst

Es kommt nicht darauf an, daß wir nach außen hin sicher auftreten können, sondern daß wir ein Gespür für unseren unantastbaren Wert bekommen und uns in unserer Einmaligkeit selbst annehmen. Daß wir uns selber annehmen müssen, das rät uns heute jeder, das wissen wir längst selber. Die Frage ist, wie das geht, sich selbst anzunehmen. Zunächst muß man sich von den Illusionen befreien, die wir uns über uns selbst machen. Wir müssen uns von den Tagträumen verabschieden, in denen wir uns als die größten und schönsten Menschen ausphantasieren. Annahme seiner selbst hat etwas mit Demut zu tun, mit humilitas, mit dem Mut, seine eigene Menschlichkeit anzunehmen. Viele raten Leuten mit mangelndem Selbstwertgefühl, daß sie ihre Stärken anschauen sollen. Das kann durchaus richtig sein. Aber wenn dahinter die Vorstellung steckt, daß nur die Starken wertvoll sind, dann führt so ein Rat nicht weiter. Entscheidend ist, daß ich mich mit allem, was in mir ist, annehme, nicht nur mit meinen Stärken, sondern auch mit meinen Schwächen. Für mich hat nur der ein gesundes Selbstwertgefühl, der sich auch erlaubt, schwach zu sein, der mit Humor seine eigenen Schwächen anschauen kann.

Aber es ist oft ein langer Weg, sich mit all dem auszusöhnen, was wir in uns entdecken. Je intensiver wir mit andern zusammen leben, desto stärker entdecken wir unsere Schattenseiten, die verdrängten Bedürfnisse, die unterdrückten Gefühle. Ein Ehepaar, das seine Ehe auf dem gemeinsamen Glauben aufbauen wollte, ist schon nach einem halben Jahr enttäuscht, daß sie soviel streiten, daß da in jedem soviel Bosheit steckt. Der Glaube war für sie auch ein Weg, der eigenen Wirklichkeit aus dem Weg zu gehen. Sie mußten erst langsam lernen, in aller Demut auch die Schattenseiten in sich anzunehmen, die Lust, zu verletzen, die Rachegefühle und die Bosheit, zu der sie fähig waren. Wir können nie sagen, daß wir uns angenommen haben. Es ist ein lebenslanger Prozeß. Immer wieder entdecken wir Seiten in uns, die uns ärgern und über die wir enttäuscht sind. Je älter ich werde, desto leiser spreche ich von der Annahme meiner selbst. Als ich ins Kloster eingetreten bin, habe ich gedacht, alle meine negativen Seiten durch Gebet und Askese zu überwinden. Aber dann meldeten sie sich immer wieder zu Wort. Jetzt habe ich die Illusion aufgegeben, daß ich werden kann, wie ich es gerne möchte. Jetzt versuche ich, in aller Demut Ja zu sagen zu dem, was ist, in der Gewißheit, daß ich so, wie ich bin, von Gott angenommen bin. Wenn ich mich wieder einmal darüber ärgere, daß ich so infantil reagiert habe, dann sage ich mir vor: „Das bin ich halt immer noch. Das darf auch sein." Dann spüre ich mitten in meiner Enttäuschung doch einen inneren Frieden und eine Gelassenheit, das Gefühl, daß alles sein darf, daß alles gut ist, wie es ist. Und ich weiß mich dann in Gottes liebender Hand.

Sich selber annehmen heißt, sich mit seiner Lebensgeschichte auszusöhnen. Viele jammern, daß sie eine so schwere Kindheit hatten, in der sie sehr verletzt worden sind. In der Begleitung von schwer verwundeten Menschen tut es oft weh, gemeinsam die Wunden anzuschauen. Manche fühlen sich dann unter Leistungsdruck, sie müßten all diese Wunden aufarbeiten. Ich versuche, den verletzten Menschen zu vermitteln, daß ihre Lebensgeschichte auch das Kapital ist, mit dem sie wuchern können. Wenn sie sich aussöhnen mit ihren Wunden, dann können sie zu Quellen des Lebens werden. Dann kann sie gerade ihre Wunde befähigen, andere zu verstehen und zu begleiten. Oft entdeckt jemand dann erst seine eigentliche Berufung, spürt, was er auf dem Hintergrund seiner Lebensgeschichte für ein Charisma hat. Wenn es jemand fertigbringt, sich mit seiner Geschichte auszusöhnen, dann wird er auch erkennen, daß alles einen Sinn hatte. Auch das Schwere war nicht sinnlos. Es befähigt ihn jetzt, auf andere Weise zu leben, sensibler, intensiver, dankbarer und offener für die Menschen. Die Wunden werden, sobald ich mich mit ihnen aussöhne, zu Quellen des Segens für mich und für andere.

Um sich selber annehmen zu können, muß man das Vergleichen lassen. Solange ich mich mit andern vergleiche, bin ich immer im Nachteil. Es gibt immer irgendwelche Begabungen, die andere haben und ich nicht. Wenn ich vergleiche, bin ich nicht bei mir, da lebe ich immer nur im Vergleich zu andern. Es kommt aber darauf an, bei mir zu sein, mich anzunehmen, mich gerne zu haben. Wenn jemand wenig Selbstwertgefühl hat, wird er aber vergleichen, ob er will oder nicht. Eine Frau weiß längst, daß sie nicht vergleichen soll. Aber sobald sie in eine Gruppe kommt, geht das Vergleichen an. Es hat dann keinen Zweck, nur die eigenen Stärken zu sehen, um sich so innerlich aufzuwerten. Denn dann ist sie ja immer noch am Vergleichen. Es hilft auch wenig, die andern zu entwerten, daß das alles nur Schein sei, was sie darstellen. Dann werte ich die andern ab, um mich aufzuwerten. Und ich bleibe wieder im Vergleichen stecken. Hilfreicher ist es, vom Kopf, der vergleicht, zum Herzen zu gelangen, das fühlt. Die Frau hat einen Weg gefunden, vom Vergleichen loszukommen. Sie versucht, ihren Atem zu spüren, die Hände zu fühlen, bei sich zu sein. Dann fühlt sie sich wohl und dann kann sie etwas sagen, wenn sie möchte. Dann steht sie nicht mehr unter dem Druck, unbedingt auch etwas beitragen zu müssen, um bei den andern gut abzuschneiden. Solange sie am Vergleichen war, fühlte sie sich unwohl. Die andern bestimmten ihre Stimmung. Jetzt, da sie bei sich ist, da sie sich selbst spürt, kann sie auch die andern spüren und Gemeinschaft mit ihnen erfahren.

Bei sich sein

Selbstvertrauen kann auch heißen, bei sich sein, in sich selbst sein, sich bei sich wohl fühlen, unabhängig sein von den andern. Viele können kein Selbstwertgefühl aufbauen, weil sie andern Macht über sich geben. Sie sind nicht bei sich, sondern immer bei den andern. Sie ruhen nicht in sich selbst, sondern beziehen ihr Selbstwertgefühl einzig und allein von den andern, von ihrem Wohlwollen, ihrem Lob, ihrer Bestätigung. Sie können sich nicht abgrenzen. Sie beziehen alles auf sich, werden von jeder spitzen Bemerkung verletzt. Solchen Menschen rate ich, mit ihren Aggressionen in Berührung zu kommen. Durch die Aggression kann ich mich von andern abgrenzen. Die Aggression ist der Impuls, mich vom andern zu distanzieren, um so bei mir sein zu können. Manchmal muß man den, der einen verletzt hat, erst einmal aus sich hinauswerfen. Solange ich von einem andern Menschen besetzt bin, kann ich nicht bei mir sein, kann ich kein Selbstwertgefühl entwickeln. Ich werde von andern gelebt, anstatt selbst zu leben.

Bei sich sein, das kann verschieden aussehen. Ich bin bei mir, wenn ich ein Gespür für mich habe, wenn ich meinen eigenen Gefühlen traue, wenn ich in mir selbst ruhe. Ich bin nicht von der Stimmung der andern abhängig, sondern ich bin in Kontakt mit den eigenen Gefühlen. Ich bin bei mir, wenn ich mich im

Leib fühle. Wenn ich z.B. einen Waldlauf mache und durch die körperliche Anstrengung ins Schwitzen komme, dann bin ich bei mir. Dann bin ich in meinem Leib. Ich fühle meinen Leib und fühle mich darin wohl. Dann komme ich gar nicht auf die Idee, meinen Selbstwert anzuzweifeln. Weil ich fühle, bin ich. Ich muß meinen Wert nicht in äußeren Leistungen beweisen. Ich fühle mich. Das tut mir gut. So wie ich fühle, fühlt sonst niemand. Ich bin einmalig. Ich bin ich selbst. Das ist keine Erkenntnis, sondern eine Erfahrung, die mir von alleine Selbstwert vermittelt. Viele Menschen suchen die Ursache ihrer Probleme bei den andern. Sie müßten lernen, bei sich zu sein, den eigenen Grund zu entdecken und ein Gespür für sich selbst zu entwickeln, für ihre Gefühle und für ihren Leib.

Der Weg über den Leib

Ein wichtiger Weg, zu sich selbst zu kommen und bei sich zu sein, ist der Weg über den Leib. In den siebziger Jahren war ich mit einigen Mitbrüdern öfter in Rütte bei Graf Dürckheim. Von ihm haben wir gelernt, uns im Leib zu spüren, den Leib als Weg zum Selbstvertrauen, aber auch zu einer größeren Offenheit Gott gegenüber zu verstehen und uns darin zu üben. Für Dürckheim war der Leib ein Instrument menschlicher Selbstwerdung. Der Leib ist ein Barometer, der anzeigt, wie es um den Menschen steht. Einem unsicheren Menschen sieht man es am Leib an, daß er kein Selbstvertrauen hat. Man sieht es z.B. daran, daß er sich festhält, daß er die Arme nicht frei hängen läßt, sondern sogar im Gehen verschränkt hält, um an sich selber Halt zu finden. Oder man spürt es an den hochgezogenen Schultern, daß da einer voller Angst steckt. So unsichere Menschen haben ihren Mittelpunkt im Brustbereich. Sie stehen nicht zu sich. Sie müssen sich krampfhaft nach außen als stark und unbezwingbar darstellen. In Wirklichkeit haben sie keinen Stand. Man braucht sie nur anzutippen, dann fallen sie um. Am Stehen kann ich spüren, ob ich Selbstvertrauen habe. Aber der Leib ist nicht nur Barometer, sondern auch Instrument menschlicher Selbstwerdung. Ich kann über den Leib und im Leib auch innere Haltungen einüben. Ich kann also durch das Stehen Stehvermögen, Selbstvertrauen einüben.

Ich kann mir z. B. vorstellen, daß ich wie ein Baum fest dastehe, daß meine Wurzeln sich tief in den Boden einwurzeln. Ich stehe gut da, wenn ich geerdet bin. Geerdet bin ich, wenn der Schwerpunkt zwischen Ferse und Fußballen zu stehen kommt. Ich kann das erreichen, wenn ich etwas mit den Knien wippe. Ich stehe dann locker wie ein Baum, nicht wie ein Betonpfeiler. Dann kann ich mir vorstellen, wie der Atem beim Ausatmen durch die Fußsohlen in den Boden strömt und beim Einatmen von der Erde bis über den Scheitel zum Himmel hin. Ich bin dann wie ein Baum, der unten fest verwurzelt ist und oben seine Krone zum Himmel hin öffnet. Wenn ich lange so stehe, dann kann Selbstvertrauen wachsen. Ich kann mir dann Sätze vorsagen wie: „Ich habe Stehvermögen. Ich stehe mit beiden Füßen auf dem Boden. Ich habe einen Standpunkt. Ich kann etwas durchstehen. Ich kann für mich, für etwas einstehen. Ich stehe zu mir, ich stehe in mir.“ Oder ich kann in einem solchen Stehen biblische Worte wiederholen: „Wirf deine Sorgen auf den Herrn. Er hält dich aufrecht“ (Ps 55,23). Oder: „Ich habe den Herrn beständig vor Augen. Er steht mir zur Rechten. Ich wanke nicht“ (Ps 16,8). Ich erlebe immer wieder, daß der Weg über den Kopf allein mir kein Selbstvertrauen vermitteln kann. Übungen im Leib können mir helfen, daß das Selbstvertrauen immer mehr in mir wächst. Natürlich ist auch das kein Trick, der mir ein für allemal Selbstvertrauen schenkt. Ich muß es immer wieder üben.

Dürckheim sprach davon, daß wir im Hara stehen sollen. Hara ist der Unterbauch. Wenn ich im Unterbauch meinen Schwerpunkt habe, dann stehe ich fest. Dann kann mich kaum einer so leicht umwerfen. Im Hara stehen heißt nicht, sich mit Gewalt in den Boden einrammen, damit einen keiner umstoßen kann. Hara ist vielmehr eine Haltung der Durchlässigkeit. Ich halte mich nicht an mir selbst fest, sondern ich bin offen für Gott oder für das Sein, wie Dürckheim es nennt, für das Wesen. In dieser Offenheit fühle ich eine tiefe Sicherheit. Weil ich offen bin für etwas Größeres, muß ich mich nicht krampfhaft an mir festhalten, sondern spüre ein Gehaltensein von Gott.

Wenn ich bei einem Vortrag bewußt im Hara stehe, dann werde ich ruhiger und klarer. Viele halten sich beim Vortrag am Rednerpult fest, oder sie wechseln von einem Fuß auf den andern. Aber das drückt nicht nur Unsicherheit aus, es verstärkt sie auch noch. Sich bewußt im Hara hinzustellen ist eine Einübung in das

Vertrauen und in die Durchlässigkeit. Es geht nicht darum, daß ich durch meinen Vortrag imponiere, sondern daß da etwas Größeres durch mich hindurchströmt, daß letztlich Gott durch mich die Menschen anspricht. Viele meinen, da könne man halt nichts machen, wenn man zu wenig Selbstvertrauen mitbekommen habe. Doch wir sind dem nicht einfach ausgeliefert. Wir können uns durch den Leib langsam in mehr Selbstvertrauen hineinüben. Natürlich geht der Prozeß der Verwandlung im Leib langsam. Und es braucht viel Geduld. Vor allem aber läßt sich der Leib nicht austricksen. Ich kann ihn nicht dazu benutzen, einfach nur mehr Selbstvertrauen zu entwickeln. Der Leib zwingt mich zur Ehrlichkeit. Hara heißt durchlässig sein für das Größere, für Gott. Wahres Selbstvertrauen wächst durch den Leib nur dann, wenn ich es aufgebe, meine Ansprüche und Maßstäbe aufrechtzuerhalten. Ich muß bereit sein, mich selbst loszulassen, mich Gott anzuvertrauen, der allein mir wahren Halt und Selbstwert schenkt.

Der Weg des Glaubens

Die Frage nach dem Selbstwert ist für mich letztlich immer auch eine religiöse Frage. Der Glaube will uns zeigen, wer wir eigentlich sind, woher wir unseren wahren Wert beziehen. Aber es genügt nicht, den Menschen nur zu sagen, sie sollten auf Gott vertrauen, dann würden sie auch Selbstvertrauen finden. Die Frage ist, wie wir das Vertrauen auf Gott lernen können. Ein Appell zum Vertrauen schafft noch kein Vertrauen. Oft geraten fromme Menschen in den Teufelskreis, daß sie die Schuld für ihr mangelndes Gottvertrauen in ihrem zu geringen Beten sehen, daß sie sich deshalb Vorwürfe machen und dann versuchen, immer mehr zu beten, damit das Vertrauen auf Gott endlich wachse. Doch sie können beten, soviel sie wollen. Immer wieder erleben sie Situationen, in denen ihnen das Selbstvertrauen fehlt. So schrauben sie die Spirale von Gebet und Selbstvorwürfen immer enger und kommen doch keinen Schritt voran.

Das Vertrauen zu Gott läßt sich auch durch Beten nicht erzwingen. Wir können es lernen, indem wir uns das Vertrauen vor Augen halten, das Gott zu uns hat, und uns in das Vertrauen zu Gott einüben. Es ist immer auch Gnade, wenn in uns auf einmal ein tiefes Vertrauen zu Gott entsteht und durch das Vertrauen zu Gott ein neues Selbstvertrauen. Eine Hilfe ist für mich dabei, einfach so zu tun, als ob ich Vertrauen hätte. Ich kann mir z.B. Vertrauensworte aus der Bibel vorsagen und dann ausprobieren, wie es mir damit geht, wenn ich so tue, als ob sie stimmen. Wenn ich mir immer wieder Psalm 118 vorsage: „Der Herr ist mit mir, ich fürchte mich nicht, was können Menschen mir antun?“, dann kann ich durch solche Worte mit dem Vertrauen in Berührung kommen, das schon in mir ist. C.G. Jung meint, wir hätten immer beide Pole in uns, Angst und Vertrauen. Es gibt keinen Menschen, der nur Angst hat, und keinen, der nur vertraut. Aber oft genug sind wir fixiert auf unsere Angst. Wenn wir mit Vertrauensworten aus der Schrift umgehen, entdecken wir in uns das Vertrauen auf dem Grund unserer Seele.

Und so kann es in uns wachsen, so daß es uns mehr und mehr prägt. Wenn ich Psalm 23 meditiere: „Der Herr ist mein Hirt, nichts wird mir fehlen", dann ahne ich ja, daß das nicht reine Einbildung ist. Natürlich zweifle ich auch daran, ob das nicht zu schön ist, um wahr zu sein. In der Meditation tue ich so, als ob der Satz stimmt. Dann kann in mir ein Gefühl von Freiheit und Unabhängigkeit von den Menschen wachsen. Ich ahne, daß Gott mir genügt, daß er mir gibt, was ich brauche, daß er mir meinen wahren Wert schenkt.

Die Grundtatsache unseres Glaubens ist, daß wir von Gott bedingungslos angenommen sind. In der Taufe hat Gott über uns das Wort gesagt: „Du bist mein geliebter Sohn, meine geliebte Tochter, an dir habe ich mein Gefallen" (vgl. Mk 1,11). Wenn ich aus dieser Wirklichkeit heraus lebe, dann fallen viele Selbstzweifel weg, dann verstummen die negativen Botschaften, die ich oft genug gehört habe: „Du taugst nichts. Du schaffst das nie. Du bist zu dumm dafür." Die Frage ist, wie wir so aus der Wirklichkeit des Glaubens leben können, daß sie uns mehr prägt als die Selbstentwertungen, Selbstbeschuldigungen und Selbstbeschimpfungen, aus denen wir sonst leben. Für mich sind wichtige Wege die Meditation biblischer Texte und das bewußte Feiern unserer christlichen Feste.

Die Meditation biblischer Texte

In Einzelexerzitien gebe ich Menschen, die an mangelndem Selbstvertrauen leiden, immer wieder Texte aus der Bibel, die ihnen helfen sollen, Vertrauen zu schöpfen und ihren Selbstwert zu entdecken. Sowohl das Alte wie das Neue Testament künden uns auf jeder Seite, daß wir einen unantastbaren Wert haben. Wenn wir an unsere göttliche Würde glauben könnten, dann hätten wir ein gesundes Selbstwertgefühl, dann wären wir unabhängig von der Meinung der andern. Ein Text, der uns helfen kann, auf Gottes Schutz zu vertrauen und aus diesem Vertrauen heraus unseren Wert zu erkennen, ist Jesaja 43: „Fürchte dich nicht, denn ich habe dich ausgelöst, ich habe dich beim Namen gerufen, du gehörst mir. Wenn du durchs Wasser schreitest, bin ich bei dir, wenn durch Ströme, dann reißen sie dich nicht fort. Wenn du durchs Feuer gehst, wirst du nicht versengt, keine Flamme wird dich verbrennen … Weil du in meinen Augen teuer und wertvoll bist und weil ich dich liebe, gebe ich für dich ganze Länder und für dein Leben ganze Völker" (Jes 43,2f.4). Ich schaue diese Worte nicht nur mit dem Verstand an, sondern lasse sie ins Herz fallen. Ich spüre ihrer Wirklichkeit nach: „Wenn das stimmt, wie fühle ich mich dann? Wenn das meine tiefste Wirklichkeit ist, wie erlebe ich mich dann?" Ich muß mir die Worte oft wiederholen und mir vorsagen: „Das ist die eigentliche Wirklichkeit, wirklicher als das Gefühl, das du gerade hast, wirklicher als deine eigene Selbsteinschätzung." Dann kann es sein, daß ich auf einmal das Vertrauen in mir spüre, daß Gott bei mir ist und daß ich einen unantastbaren Wert habe, daß ich so wertvoll bin für Gott, daß er ganze Länder für mich hingibt. Weder das Wasser, all das Drohende und

Gefährliche in meinem Unbewußten, kann mich überschwemmen, noch das Feuer meiner Leidenschaften und Triebe mich verbrennen. Ich brauche keine Angst zu haben vor den Bedrohungen von außen wie von innen. Er ist bei mir.

Ich mache immer wieder die Erfahrung, daß die Meditation solcher Worte Menschen ohne Selbstvertrauen hilft, den eigenen Wert zu entdecken. Ich erlebe immer wieder Menschen, die sich beschimpfen, daß sie kein Vertrauen zu Gott und zu sich selbst hätten. Sie hätten doch eigentlich keinen Grund, Angst zu haben, weil Gott sie doch trage. Solche Appelle an das Vertrauen schaden nur. Sie können die Angst nicht vertreiben. Alle Sätze mit „eigentlich sollte ich …" bewirken höchstens ein schlechtes Gewissen, weil ich ja voller Angst bin, obwohl ich eigentlich keinen Grund hätte. Es hat keinen Zweck, sich mit dem Willen zum Vertrauen zu zwingen oder sich nur vom Verstand her einzureden, daß man genügend Gründe zum Vertrauen habe. Das Vertrauen muß wachsen. Es muß auch das Unbewußte durchdringen und prägen. Es kann wachsen, wenn ich die Worte Gottes schmecke und kaue, wenn ich sie immer tiefer in mich hineinfallen lasse. Dann verwandeln sie mich allmählich, dann schaffen sie in mir mehr und mehr Vertrauen und Zuversicht.

Auch Jes 54 gebe ich gerne zur Meditation: „Freu dich, du Unfruchtbare, die nie gebar; du, die nie in Wehen lag, brich in Jubel aus und jauchze! Denn die Einsame hat jetzt viel mehr Söhne als die Vermählte, spricht der Herr. Mach den Raum deines Zeltes weit, spann deine Zelttücher aus, ohne zu sparen. Mach die Stricke lang und die Pflöcke fest!“ (Jes 54,1f). Vielleicht fühle ich mich unfruchtbar und einsam. Ich habe das Gefühl, daß mit mir nichts los ist, daß ich bisher umsonst gelebt habe, daß alles so wertlos ist. Wenn in so eine Gefühlslage hinein diese Worte Gottes fallen, dann hören oft die Selbstvorwürfe und Selbstentwertungen auf. Das Unfruchtbare darf ja sein, ich darf mich manchmal einsam und verlassen fühlen. Gerade mir als dem Einsamen und Verlassenen gilt diese Verheißung, daß mein Leben reiche Frucht bringt. Den Raum meines Zeltes weit zu machen, das heißt, daß ich die innere Weite zulasse, daß ich nicht zu klein von mir denke. Mein Zelt hat für viele Platz. Mein Herz hat eine unendliche Weite. Ich darf mich Gott gegenüber öffnen, der mir weiten Raum verschafft. Und ich darf die Menschen einladen, in meinem Zelt Platz zu nehmen. Von Gott her habe ich ein wunderbares Zelt, ein Zelt, in dem Gott selbst Wohnung genommen hat. Ich brauche mich nicht zu verstecken. Ich glaube an meine innere Schönheit und darf die Menschen einladen, sich gemeinsam mit mir über die Herrlichkeit zu freuen, die Gott mir geschenkt hat

In der Meditation der biblischen Worte will ich nichts erzwingen, auch kein Selbstvertrauen. Moralische Appelle, ich müßte vertrauen, weil Gott mir das zugesagt hat, nützen nicht viel. Sie schaffen nur ein schlechtes Gewissen, daß ich immer noch nicht genügend glaube. Die Meditation ist ein sanfterer Weg. Ich lasse in den Worten der Bibel Gott selbst an mir wirken. Ich halte mich und mein mangelndes Selbstwertgefühl Gott hin, damit er es mit seinem Wort, mit seinem Geist, mit seiner Liebe durchdringe. Es geht in den Exerzitien nicht darum, seine Probleme zu lösen, sondern sich von Gott verwandeln zu lassen. Aber wenn jemand gespürt hat, wer er von Gott her ist, dann wird er auch anders mit seinen alltäglichen Problemen umgehen. Dann muß er sich nicht zu Selbstvertrauen zwingen, dann weiß er um seine tiefste Wirklichkeit, um seine göttliche Würde, um das einmalige Bild, das Gott sich von ihm gemacht hat.

Das Feiern christlicher Feste

Die Feste des Kirchenjahres meditieren auf eigene Weise die Botschaft der Bibel. In den Festen feiern wir unser eigenes Leben, so wie es Gott durch Jesus Christus „wunderbar geschaffen und noch wunderbarer erneuert hat“ (Gebet vom Weihnachtsfest). Wir feiern unser Leben, weil es wert ist, gefeiert zu werden. In der Liturgie spielen wir uns in unsere erlöste Existenz hinein. Und indem wir uns in das heilige Spiel der Liturgie einlassen, können wir erahnen, wer wir in Wirklichkeit sind. Da kann in uns das Gefühl für unsere einmalige Würde wachsen. Ich möchte das am Beispiel einiger Feste aufzeigen.

An Weihnachten feiern wir die Gottesgeburt in unserem Herzen. Gott wird als Kind in uns geboren. Wir sind nicht durch unsere Vergangenheit festgelegt, Gott setzt mit uns einen neuen Anfang. Er bringt uns in Berührung mit dem unverfälschten Bild, das er sich von uns gemacht hat. Weil ich nicht an meinen Wert glauben kann, weil ich mich ständig selber entwerte, kommt in der Geburt Christi Gott selbst zu mir, um mir die Botschaft zu sagen: „So etwas Schönes wie dich gibt es nur einmal." An Weihnachten feiern wir die göttliche Schönheit, die uns in dem Kind von Bethlehem aufgestrahlt ist und uns in jedem Menschenantlitz aufscheint.

Es sind drei Bilder, in denen uns das Geheimnis unserer erlösten Existenz an Weihnachten dargestellt wird. Da ist einmal die Geburt Christi in meinem Stall. In meiner Dunkelheit leuchtet das Licht Gottes auf und verwandelt das Chaos in meinem Herzen. Das feiern wir in der Heiligen Nacht. Ich muß Gott nichts vorweisen. Ich brauche ihm nur meinen Stall hinzuhalten. Dann wird er ihn erleuchten. An Epiphanie geht es um die Erscheinung der Herrlichkeit Gottes in meinem Fleische. Wir haben einmal in unserem Gästehaus zu diesem Fest einen Kurs gehalten, in dem wir uns nur in diese Wirklichkeit einüben wollten: Erscheinung der Herrlichkeit Gottes in meinem Leib. Wie erlebe ich mich, wenn das stimmt, wenn das meine tiefste Wirklichkeit ist? Es war erstaunlich, wie die Gäste durch das Sichhineinspielen in das Festgeheimnis schöner und durchsichtiger wurden und ein neues Selbstwertgefühl bekamen.

Das dritte Bild feiern wir im Fest der Taufe Jesu, mit dem die Weihnachtszeit abschließt. Mitten in den Fluten des Jordans stehend, öffnet sich der Himmel über Jesus, und Gott sagt zu ihm: „Du bist mein geliebter Sohn, an dir habe ich Gefallen gefunden" (Mk 1,11). Die Fluten des Jordans sind von der Schuld all der Sünder voll, die sich darin von Johannes haben taufen lassen. Mitten in meiner Schuld stehend, öffnet sich über mir der Himmel. Mein Leben wird weit, es reicht hinein bis in den göttlichen Bereich des Himmels. Und aus dem Himmel heraus spricht Gott das Urwort meiner unantastbaren Würde: „Du bist mein geliebter Sohn, meine geliebte Tochter. Du gefällst mir.“ Sohn und Tochter Gottes zu sein, das gibt mir meinen göttlichen Wert. Ich höre auf, mich von meinen Eltern her zu definieren, mich von den Botschaften bestimmen zu lassen, die ich von ihnen gehört habe. Ich beziehe meinen Wert nicht von andern Menschen her, nicht vom Vater und von der Mutter, von ihrer Zuwendung und Bestätigung, sondern von Gott her. Meinen wahren Wert erhalte ich nicht dadurch, daß Menschen mich loben und zu mir stehen, sondern dadurch, daß Gott mich wunderbar geschaffen hat. Aus Gott geboren zu sein, das schenkt mir Freiheit gegenüber den Erwartungen und Beurteilungen der Menschen. Jesus Christus, der Sohn Gottes, ist Mensch geworden, damit ich Gottes Sohn werde, damit ich vergöttlicht werde, wie die griechischen Kirchenväter sagen.

Das Bild, das Gott sich von jedem einzelnen von uns gemacht hat, die göttliche Würde, die er uns in Jesus Christus geschenkt hat, wird im Kirchenjahr mehr und mehr entfaltet. In der Fastenzeit trainieren wir uns in die innere Freiheit ein, daß wir nicht abhängig sind von unseren Gewohnheiten. Dieses Training will unser Selbstwertgefühl stärken. Wir werden nicht von außen bestimmt, sondern wir formen unser Leben selbst. Fasten will den Leib durchsichtiger machen auf Gott hin. Es führt zu einem intensiveren Leben. Wir nehmen uns selbst und die Welt um uns herum bewußter wahr. Wir werden wacher und wachsamer durch das Fasten. Fasten, so meint Augustinus, will unsern Leib für die Auferstehung vorbereiten.

An Ostern feiern wir nicht nur die Auferstehung Jesu, sondern unsere eigene Auferstehung. In unsere Abtei kommen jedes Jahr etwa 250 junge Leute, um mit uns Ostern zu feiern. Sie spüren, daß es um ihre Auferstehung geht, darum, daß Gott in der Auferstehung Jesu auch ihre Fesseln gesprengt hat, daß er den Stein weggewälzt hat, der auf ihnen liegt und sie blockiert, daß er sie aus ihrem Grab heraufführen möchte zum Leben. Sie feiern den Aufstand des Lebens gegen den Tod. Sie stehen im Singen und Tanzen auf gegen alle Mächte, die in uns das Leben behindern. Sie stehen auf, um aufrecht den Sieg des Lebens über den Tod, den Sieg der Liebe über den Haß zu feiern. Sie lassen sich von Christus aufrichten aus dem Grab ihrer Angst und Hoffnungslosigkeit, um aufrecht ihre Würde als erlöste und befreite Menschen zu feiern. Viele Jugendliche haben mir erzählt, daß sie die intensive Feier von Ostern wirklich aufgerichtet hat, daß sie sich nun mehr zugetraut haben, daß sie sich selber als wertvoller erlebt haben.

An Pfingsten wird das Aufgerichtetwerden von Ostern vollendet. Der Heilige Geist ist es, der die furchtsamen Apostel aufstehen läßt, um vor aller Welt die Botschaft von der Auferstehung Jesu zu verkünden. Der Geist verwandelt die ängstlichen Apostel in

Männer voller Selbstvertrauen. Sie trauen sich, zu sich zu stehen, zu dem, was sie in sich spüren, zu dem Feuer, das in ihnen brennt, zu den Gefühlen der Begeisterung. Ich erlebe viele junge Menschen, die ihren eigenen Gefühlen nicht trauen. Vor allem lassen sie sich leicht verunsichern, wenn andere ihnen ein schlechtes Gewissen einimpfen und sie im Namen christlicher Moral auffordern, radikaler ihren Glauben zu leben. Der Heilige Geist spricht zu uns in leisen Impulsen. Auf diese inneren Impulse zu hören, dem eigenen Gefühl zu trauen und sich nicht von Moralisten verängstigen zu lassen, dazu will uns die Feier von Pfingsten ermutigen. Der Heilige Geist ist in uns, er spricht zu uns. Er ist nicht der Fremde, der uns zu etwas zwingt, sondern der uns vertraute Geist, der uns in Berührung bringt mit dem ursprünglichen Bild Gottes in uns. Wenn wir im Gebet still werden, können wir diesen Geist oft hören. Er erschreckt uns nicht, sondern er führt uns in die Wahrheit, die frei macht. Er zeigt uns, wer wir eigentlich sind. Wer dem Geist in sich traut, der wird den Ungeist entlarven, der ihn oft umgibt. Er wird mehr und mehr in das Bild hineinwachsen, das Gott sich von ihm gemacht hat.

Die vielen Feste des Kirchenjahres wollen entfalten, wer wir durch Jesus Christus von Gott her sind. Es sind Bilder unserer Erlösung, Bilder unserer göttlichen Würde. Das gilt auch von den vielen Heiligenfesten, die zeigen, wie jeder auf seine einmalige Weise Gott ausdrückt und in dieser Welt sichtbar werden läßt. Das gilt von den Marienfesten, die immer optimistische Feste sind, Feste, die gerade den Frauen Mut machen wollen, zu ihrer Würde zu stehen. Leider ist Maria von manchen kirchlichen Kreisen dazu mißbraucht worden, den Frauen ein schlechtes Gewissen einzuimpfen. Man hat Maria auf einen so hohen Sockel gestellt, daß sich alle andern Frauen minderwertig vorkommen mußten. Aber das ist nicht der Sinn der Marienfeste. In Maria feiern wir unsere eigene Erlösung, feiern wir, was Gott an uns in Jesus Christus getan hat. Da ist etwa das Fest Mariä Verkündigung. Es zeigt Maria als Urbild des Glaubens, als mutige Frau, die sich – entgegen allen Erwartungen der Umwelt – allein stehend auf Gott einläßt. Während Israel immer wieder von Gott abgefallen ist, stellt sie sich stellvertretend für das Volk Gott zur Verfügung, mit dem stolzen Wort, das voller Selbstvertrauen ist: „Ich bin die Magd des Herrn; mir geschehe, wie du es gesagt hast“ (Lk 1,38). Die Frau aus dem unbedeutenden Nazareth wagt es, stellvertretend für das Volk zu sprechen und sich Gott anzubieten. Die Liturgie besingt dieses Geheimnis der Frau, die Gott dazu erwählt hat, seinen Sohn zu gebären, in wunderschönen Bildern. In diesen Bildern scheint immer auch unsere Würde und Schönheit auf, unsere Berufung, daß Gott auch in uns geboren werden will. Gegenüber der amtskirchlichen Sicht der Frau hat die Liturgie immer eine unerhört mutige Theologie vertreten. Sie hat in den Marienfesten die Frau in den Mittelpunkt gestellt, die Frau, durch die Christus geboren wird, durch die das Heil in die Welt kommt. Die feministische Theologie ist heute dabei, die liturgische Sicht Marias und der Würde der Frau neu zu entdecken.

Die Erfahrung des Paulus

Paulus schreibt in seinen Briefen immer wieder, daß Christus uns befreit hat von aller Abhängigkeit von den Menschen und ihrer Meinung: „Alle, die sich vom Geist Gottes leiten lassen, sind Söhne Gottes. Denn ihr habt nicht einen Geist empfangen, der euch zu Sklaven macht, so daß ihr euch immer noch fürchten müßtet, sondern ihr habt den Geist empfangen, der euch zu Söhnen macht, den Geist, in dem wir rufen: Abba, Vater!" (Röm 8,14f). Sohn und Tochter Gottes zu sein, das ist für Paulus vor allem eine Befreiung von der Versklavung durch Menschen. Der Sklave ist in der Gewalt von Menschen und muß sich vor ihnen fürchten. Sklave ist ein Bild für den, der andern über sich Macht gibt. Er macht sein Selbstwertgefühl von andern Menschen abhängig. Wenn sie sich ihm zuwenden, fühlt er sich gut. Wenn sie sich abwenden, bricht für ihn eine Welt zusammen. Ich gebe einem andern Macht über mich, wenn ich mich von seinen Launen abhängig mache. Es gibt Menschen, deren Gefühl völlig von denen abhängt, mit denen sie zusammen leben. Wenn der andere schimpft, sind sie geknickt. Wenn er mit einem depressiven Gesicht herumläuft, werden sie traurig oder fühlen sich schuldig. Wir sind Söhne Gottes und nicht Sklaven der Menschen. Wir dürfen uns nicht total in die Hände eines anderen Menschen begeben. Wir dürfen andern keine Macht über uns geben. Wer Macht über mich hat, vor dem muß ich mich fürchten. Ich muß ständig in der Angst leben, daß er seine Macht mißbraucht, daß er mich verletzt und kränkt. Söhne und Töchter Gottes zu sein ist für Paulus das Gegenteil von Angst. Gott schenkt uns unseren wahren Wert, einen Wert, den uns kein Mensch rauben kann. Andere können uns zwar verletzen, aber es gibt in uns eine unantastbare Würde, die uns niemand nehmen kann.

Menschen, die enttäuscht sind über ihre eigenen Schwächen und Fehler, kann die Erfahrung des heiligen Paulus helfen, der von sich sagt: „Wenn ich schwach bin, dann bin ich stark“ (2 Kor 12,10). Selbstvertrauen heißt nicht, daß wir immer stark sind, daß wir über allen Problemen stehen, daß wir uns selbst in Griff bekommen. Es zeigt sich vielmehr darin, daß wir mitten in unserer Schwachheit zu uns stehen, weil wir an die Gnade Gottes glauben, die uns mitten in unserer Schwäche aufrichtet. Wer sein Selbstwertgefühl davon abhängig macht, daß er immer stark ist, daß er alle seine Ideale erfüllt, wird durch die Erfahrung des Versagens und der Schwäche zerbrechen. Wer sich jedoch auch erlaubt, schwach zu sein, gewinnt an innerer Stärke. Sein Selbstwertgefühl wird auch durch Enttäuschungen nicht zerstört, weil er sich auch darin von Gott gehalten weiß. Er bezieht seinen Wert aus dem Glauben des heiligen Paulus, der von sich sagt: „Ich bin gewiß: Weder Tod noch Leben, weder Engel noch Mächte, weder Gegenwärtiges noch Zukünftiges, weder Gewalten der Höhe oder Tiefe noch irgendeine andere Kreatur können uns scheiden von der Liebe Gottes, die in Christus Jesus ist, unserem Herrn“ (Röm 8,38f).

Die Botschaft von der Versöhnung

Eine zentrale Botschaft der Bibel ist die der Versöhnung. Wenn Paulus schreibt: „Wir bitten an Christi Statt: Laßt euch mit Gott versöhnen!" (2 Kor 5,20), dann bezieht sich das sowohl auf die Versöhnung miteinander als auch auf die Versöhnung mit sich selbst. Jesus will den in sich zerrissenen Menschen mit sich selbst versöhnen, indem er ihm zusagt, daß Gott ihn trotz seiner Schuld annimmt. Wenn Gott ihm aber vergibt, soll er aufhören, sich selbst zu beschuldigen. Der Glaube an die Vergebung durch Gott muß sich darin ausdrücken, daß er sich nun auch selbst vergibt. Es hat keinen Zweck mehr, sich weiter zu beschuldigen und mit Schuldgefühlen zu zerfleischen. Die Vergebung, die Christus den Menschen nicht nur gepredigt, sondern auch durch seine eigene Person vermittelt hat, ermöglicht es uns, uns mit uns und unserer Vergangenheit auszusöhnen. Ich brauche die Augen nicht mehr zu verschließen vor meiner Schuld. Denn ich weiß, daß sie vergeben ist, daß sie mich nicht mehr von Gott trennt und auch nicht mehr von mir selbst und von den anderen Menschen. Schuld heißt Spaltung. Der Mensch, der sich schuldig fühlt, fühlt sich innerlich gespalten. Sein Selbstwertgefühl ist getrübt. Er hat die Beziehung zu sich und seinem wahren Kern verloren.

Wenn Jesus einem Menschen die Vergebung Gottes zuspricht, dann ermutigt er ihn, zu sich zu stehen und neu zu beginnen. Den Gelähmten, dem er die Sünde vergibt, fordert er auf: „Steh auf, nimm dein Bett und geh!“ Er soll sich von seiner Vergangenheit nicht lähmen lassen. Allein die Tatsache, daß er Schuld auf sich geladen hat, darf kein Grund sein, das Leben zu verweigern. Der ehebrüchigen Frau traut er zu, neu anzufangen. Er sagt zu ihr: „Auch ich verurteile dich nicht. Geh und sündige von jetzt an nicht mehr!“ (Joh 8,11). Die Vergebung ermöglicht zugleich einen neuen Anfang. Jesus fordert die Frau heraus, und er stärkt ihr schwaches Ich. Er erniedrigt sie nicht, indem er ihr moralische Vorhaltungen macht oder ihr die Last des Gesetzes aufbürdet, sondern er richtet sie auf, indem er ihr etwas zutraut. Sie ist in Sünde gefallen nicht aus reiner Lust, sondern weil sie nicht nein sagen konnte, weil sie nicht klar war, weil sie nicht in sich ruhte. Jetzt spricht Jesus ihr Ich an. „Du kannst auch anders leben. Du hast Kraft. Versuche ein anderes Leben. Du wirst sehen, daß es dir guttut.“ Jesus fordert keine Unterwerfung von der Frau, sondern er richtet sie auf, indem er sich an die Kraft wendet, die in ihr ist, und an die Würde, die sie eigentlich leben möchte.

Selbstvertrauen können wir in andern hervorlocken, indem wir ihnen etwas zutrauen. Das zeigt auch die Begegnung Jesu mit der Sünderin in Lk 7. Nachdem Jesus ihr die Sünden vergeben hat, sagt er zu ihr: „Dein Glaube hat dir geholfen. Geh in Frieden!“ (Lk 7,50). Jesus lobt ihren Glauben. Er verstärkt das Positive, das die Frau getan hat, und bringt sie so mit ihrer guten Kraft in Berührung. Und er traut ihr zu: „Geh in Frieden! Zerfleische dich nicht mehr mit Schuldgefühlen. Es ist gut, was du getan hast. Jetzt kannst du in Frieden gehen, in Frieden mit dir selbst, in Frieden mit den Menschen. Du mußt dich nicht mehr entschuldigen, daß du überhaupt da bist. Du bist wertvoll. Du hast Frieden, du hast volles und erfülltes Leben in dir. Lebe es nun!“

Was Jesus hier mit der Sünderin und der Ehebrecherin tut, das haben die frühen Mönche in ihrer Begleitung verwirklicht. Sie haben den Schülern, die sie um Rat fragten, etwas zugemutet und zugetraut. So mutet ein Altvater einem Schüler zu, daß er ein ganzes Jahr lang nichts redet. Dem andern traut er zu, daß er nur jeden zweiten Tag ißt. Indem der Abbas dem Schüler etwas zutraut, stärkt er sein Selbstwertgefühl. Der Schüler entdeckt, wozu er fähig ist, er wächst daran, und er bekommt Lust am Leben. Für mich ist diese Methode auch heute noch Richtschnur. Es genügt mir nicht, nur ein non-direktives Gespräch zu führen, den andern nur zu bestätigen. Ich spüre auch, daß ich ihn manchmal herausfordern muß, damit er sich ausstreckt und seine eigenen Fähigkeiten entdeckt, daß in ihm die Kraft wächst. Ich gebe dem Exerzitanten oft eine Übung auf. Ich traue ihm z.B. zu, daß er eine halbe Stunde laut mit Gott redet, daß er Gott alles sagt, was in ihm an Gefühlen und Gedanken da ist. Oder ich trage ihm auf, einen Brief zu schreiben. Er soll sich vorstellen, kurz vor seinem Tod möchte er noch einmal jemandem schreiben, was er alles in seinem Leben vermitteln wollte, was seine Leitidee war. Manche sträuben sich gegen solche Aufgaben. Aber wenn sie sich dann einlassen, tut es ihnen gut. Natürlich geht es nicht darum, jemandem etwas überzustülpen. Insofern hat die non-direktive Methode sicher ihre Berechtigung, wenn sie den Menschen selbst entdecken läßt, was in ihm steckt, daß er selbst die Lösungen finden muß. Aber ich bin immer skeptisch, wenn man eine Methode zum Allheilmittel erklärt. Meine Erfahrung sagt mir, daß auch der andere Pol wichtig ist: die aktive Herausforderung, um das Selbstwertgefühl des andern zu stärken.

Herausforderung ist keine Entmündigung, kein Ratschlag, der für den andern oft genug ein Schlag ins Gesicht ist, sondern ein Vorschlag, wie er sich in seine Freiheit und Würde einüben kann, wie er sich trainieren kann, um seine Kräfte zu entdecken und zu entfalten. Jesus fordert die Menschen heraus, weil er an das Gute in ihnen glaubt. Wenn ich in der Seelsorge jemanden herausfordere und ihm etwas zumute, dann deshalb, weil ich an den Heiligen Geist glaube, der in diesem Menschen wirkt und der in ihm neue und ungeahnte Möglichkeiten hervorlocken möchte. Jesus bringt die Menschen, die er so konfrontierend anspricht, in Berührung mit der Kraft des Geistes, die in ihnen wirkt. Er öffnet ihnen die Augen dafür, daß Gott mit ihnen mehr vorhat, als sich mit dem Bekannten zufriedenzugeben. Jesus weckt die Menschen auf, er öffnet sie für das Wirken des Geistes in ihnen, und er bringt sie in Berührung mit dem ursprünglichen und einmaligen Bild, das Gott sich von ihnen gemacht hat.

Der mystische Weg

Ein weiterer Weg zu einem gesunden Selbstwertgefühl ist der mystische Weg. Die Mystik ist – ähnlich wie die Transpersonale Psychologie – überzeugt, daß in uns ein Raum ist, zu dem die andern Menschen keinen Zutritt haben, zu dem die Überlegungen des eigenen Über-Ichs keinen Zugang haben. Es ist der Raum der Stille, in dem Gott selbst in uns wohnt. Dort, wo Gott in uns wohnt, haben die Menschen keine Macht über uns. Die Mystiker glauben, daß dieser Raum der Stille in jedem von uns ist. Viele spüren diesen Raum jedoch nicht, weil sie von ihm abgeschnitten sind durch eine Schicht von Schutt und Geröll, durch eine Schicht voller Sorgen und Probleme, voller Gedanken und Pläne, die sich zwischen ihr Bewußtsein und ihr Selbst gelegt hat.

Der Weg zu diesem inneren Ort des Schweigens geht über das Gebet und über die Meditation. Im Mönchtum hat man die Methode des Einwortgebetes entwickelt. Man verbindet mit dem Atem ein Wort aus der Schrift, etwa das Wort: „Siehe, ich bin bei dir" oder das Jesusgebet: „Herr Jesus Christus, Sohn Gottes, erbarme dich meiner." Ich lenke meine Aufmerksamkeit auf den Atem und binde das Wort an den Atem. Dann lasse ich mich beim Ausatmen von dem Wort in den inneren Raum der Stille führen, in dem Gott in mir wohnt. Isaak von Ninive meint, das Wort, das ich meditiere, werde mir die Türe zum wortlosen Geheimnis Gottes aufschließen, eben zu dem Haus der Stille, zu dem allein Gott Zutritt hat. Wenn ich meditiere, dann spüre ich nicht jedesmal diesen Raum der Stille. Oft ist es nur eine kurze Ahnung, daß da in mir etwas ganz anderes ist, daß da Gott selbst in mir wohnt. Aber schon diese kurze Ahnung bringt etwas in mir in Bewegung. Ich erlebe mich anders. Ich berühre mein wahres Sein, ich komme in meine Tiefe. Ich spüre eine tiefe Stille, von der Friede ausgeht.

Manchmal hilft es mir schon, wenn ich mir den Ort der Stille in mir nur vorstelle, wenn ich etwa die Bilder zulasse, mit denen die Bibel diesen inneren Raum der Stille beschreibt. Ich schaue diese Bilder nicht von außen an, sondern ich betrachte mich selbst durch diese Bilder. Im Johannesevangelium sagt Jesus von dem, der glaubt: „Aus seinem Inneren werden Ströme von lebendigem Wasser fließen" (Joh 7,38). In mir ist eine Quelle, die nie versiegt, die Quelle des Heiligen Geistes. Um sie zu erahnen, kann ich mir vorstellen, wie ich im Ausatmen die Schuttschichten durchdringe, die sich über diese Quelle gelegt haben, bis ich auf dem Grund der Seele etwas von dieser reinen Quelle erahne, die die trüben Wasser meiner dunklen Gefühle vertreibt und mich innerlich erfrischt. Oder ich kann das Bild des Allerheiligsten meditieren, zu dem nach dem Hebräerbrief nur der Hohepriester Jesus Christus Zutritt hat. Wenn ich mir dieses biblische Bild einbilde, kann ich in Berührung kommen mit der Wirklichkeit, die es darstellt, mit Jesus Christus, der in mir wohnt. Dort, wo er in mir ist, kann der Lärm auf dem Tempelvorhof nicht hindringen, da haben die Heiden keinen Zutritt, da kann das Geschäftliche und Weltliche nicht hindringen, da dürfen auch die andern Priester nicht eintreten, da können mich nicht einmal meine eigenen Überlegungen und Pläne stören.

In diesem inneren Raum erahne ich auch, wer ich selber bin. Da komme ich in Berührung mit meinem wahren Selbst. Wo Gott in mir ist, da befreit er mich von der Macht der Menschen, von ihren Erwartungen und Ansprüchen, von ihren Urteilen und Maßstäben. Und da befreit er mich auch von den Bildern, die andere mir übergestülpt haben oder die ich mir selber von mir gemacht habe. Gott befreit mich zu mir selbst. Ich bin mehr als meine Lebensgeschichte. Ich bin ein einmaliges Bild Gottes. In mir ist ein unberührtes Bild, das Gott sich von mir gemacht hat, mein wahres Wesen, wie Gott es geformt hat. Der Weg der Meditation führt mich daher auch zu meinem wahren Selbst. Dort, wohin die Meinungen der anderen und wohin die eigenen Maßstäbe nicht hinreichen, dort darf ich ganz ich selber sein, dort erahne ich meine göttliche Würde, dort kann mir aufgehen, daß ich in meinem Innersten gottunmittelbar bin.

Ich erlebe immer wieder Menschen, die darunter leiden, daß andere sie bestimmen. Sie können kein Selbstvertrauen entwickeln, weil andere es ihnen nehmen. Da kritisiert sie ständig die Mitarbeiterin oder der Chef, da beeinflußt sie der launische Nachbar oder die unzufriedene Tante. Ich versuche den Ratsuchenden dann auf diesen Raum der Stille hinzuweisen, der schon in ihm ist. Er sollte sich vorstellen, daß da keiner Macht über ihn hat. Was der Nachbar über ihn denkt, erreicht diesen Ort nicht. Was die andern von ihm reden, ihre Kritik, ihre Ablehnung, ihre Ansprüche, ihre Erwartungen, all das hat dort keinen Zutritt. Auf der emotionalen Ebene bin ich zwar immer noch empfindlich und werde von der Kritik der andern getroffen. Aber dahinter ist dieser Raum der Stille, wo das nicht hindringen kann. Wenn ich mir das vorstelle, dann entsteht ein Gefühl von Freiheit. In diesem Raum der Stille kann ich aufatmen. Da werde ich nicht von andern bestimmt, auch nicht von meinen eigenen Erwartungen oder Terminen.

Ich habe einmal einen Kurs für Eheberater gehalten über Spiritualität und Beratung. Da versuchte ich den Psychologen zu vermitteln, daß Spiritualität in der Beratung nicht bedeutet, fromme Worte zu machen, sondern die Menschen an ihren wahren Kern, an ihre unantastbare Würde, an den Raum der Stille heranzuführen. Manche Berater hatten berichtet, daß es in einer verfahrenen Ehe oft unmöglich ist, durch bessere Kommunikationsmethoden wirksam zu helfen. Da fühlt sich eine Frau so tief verletzt, daß ein Gespräch nicht mehr möglich ist. Da fühlt sich ein Mann so radikal abgelehnt, daß er kein Wort mehr zur Partnerin hin findet. Da kann es hilfreich sein, den Partner oder die Partnerin an diesen inneren Raum zu führen, zu dem der andere keinen Zutritt hat, zu dem die Verletzung und die Ablehnung nicht hindringen können, indem jeder seine unantastbare Würde entdeckt, den Raum, der unverletzt und heil ist. Schon die Ahnung von diesem inneren Ort kann mitten in der tiefsten Ablehnung und Verletzung ein neues Selbstwertgefühl vermitteln, eine Würde, die einem niemand zu rauben vermag.

Manchmal hilft es mir, die Menschen, die mich ständig beschäftigen, weil sie mich verletzen und kränken, aus mir hinauszuwerfen. Die Wut kann eine positive Kraft sein, die Menschen, die über uns Macht haben, aus uns hinauszuschleudern, damit der Raum der Stille wirklich nur von Gott erfüllt wird. Wir müssen manchen Menschen den Zutritt zu unserem Inneren verwehren, wir müssen ihnen inneres Hausverbot erteilen. Dort, wo Gott in uns wohnt, dort, wo wir bei Gott daheim sind, dort haben die andern kein Recht, einzudringen. Zu mir kam eine Frau, die ständig von ihrer Chefin drangsaliert wurde. Beim Abendessen mit ihrem Mann war das einzige Thema die unmögliche Chefin, die ihr das Leben zur Hölle machte. Ich sagte ihr: „Die Ehre würde ich meiner Chefin nicht erweisen, daß ich selbst mein Abendessen noch von ihr stören ließe. Laß sie nicht in dein Haus hinein. So wichtig ist sie nicht." Anstatt die Wut in uns hineinzufressen oder in der Wut zu explodieren, sollten wir die Wut dazu benutzen, uns von denen, die uns ständig beschäftigen, zu distanzieren, sie innerlich aus uns hinauszuwerfen. Manche meinen, das wäre nicht christlich. Christlich sei die Vergebung. Aber die Vergebung steht immer am Ende der Wut und nicht am Anfang. Solange der, der mich verletzt hat, noch in meinem Herzen ist, wäre Vergebung Masochismus. Ich würde mich selbst damit verletzen. Erst wenn ich mich von ihm distanziert habe, wenn ich ihn aus mir hinausgeworfen habe, kann ich ihm wirklich vergeben, im Wissen darum, daß er ja auch nur ein verletztes Kind ist.

Den andern aus mir hinauszuwerfen ist nur der erste Schritt, um den Raum der Stille in mir wahrzunehmen. Es verteidigt diesen inneren Raum gegenüber allen, die da gewaltsam eintreten möchten. Aber die Verteidigung allein genügt nicht. Ich muß in der Meditation mich innerlich von allem verabschieden, was mich sonst beschäftigt, von den Menschen, um die ich kreise, von meinen eigenen Gedanken und Plänen. Ich muß ganz still werden und dann in mich hineinhorchen und mir vorstellen: In mir ist ein Geheimnis, das mich übersteigt. Wenn ich in mich hineinhorche, stoße ich nicht nur auf meine eigene Geschichte und auf meine Probleme. Unterhalb dieser Ebene ist vielmehr ein Raum der Stille, ein Ort, in dem Gott, das Geheimnis, in mir wohnt. Und dort, wo Gott, das Geheimnis, in mir wohnt, kann ich wahrhaft daheim sein. Dort ahne ich einen tiefen Frieden in mir. Dort weiß ich, daß unterhalb des täglichen Trubels und des inneren Durcheinanders ein Raum der Stille ist. Für Evagrius Ponticus, den wichtigsten Mönchsschriftsteller des 4. Jahrhunderts, ist dieser Ort Gottes im Bild Jerusalems dargestellt. Jerusalem heißt „Schau des Friedens“. So gelangen wir in diesem Raum der Stille zur „Schau des Friedens, an dem einer in sich jenen Frieden schaut, der erhabener ist als jedes Verstehen und der unsere Herzen behütet“.[11]

Wenn ich mich auf den Ort der Stille in mir einlasse, dann wächst in mir das Gefühl von Freiheit und Vertrauen. Es ist dann kein zur Schau gestelltes Selbstvertrauen, sondern ein Vertrauen aus der inneren Freiheit heraus. Ich kämpfe dann nicht gegen andere, sondern ich genieße die Freiheit. Es gibt einen Raum in mir, über den niemand Macht hat, der Raum, in dem Gott in mir wohnt. Dort, wo Gott in mir wohnt, dort komme ich auch in Berührung mit meinem wahren Selbst. Dort bin ich ganz ich selbst. Dort ist mein Selbst geschützt. Dort wächst mein Selbstwertgefühl, und ich werde mehr und mehr eins mit mir selbst.

Alle religiösen Wege führen uns allmählich zum Gefühl unseres Selbstwertes. Es gibt keinen spirituellen Trick, sich schnell Selbstvertrauen und Selbstwert zu verschaffen. Es sind immer Übungswege, die uns weiterbringen. Ich muß das Wort Gottes immer wieder meditieren, bis es mein Herz verwandelt und die Angst daraus vertreibt. Ich muß im Gebet immer wieder in Berührung kommen mit dem Raum der Stille in mir, um mich unabhängig von der Meinung der andern und von den Maßstäben des eigenen Über-Ichs zu fühlen. Wenn ich treu und behutsam diesen Weg der Übung gehe, dann kann in mir ein gesundes Selbstwertgefühl wachsen. Ich bin nicht einfach dazu verdammt, mit dem geringen Selbstvertrauen zu leben, das ich als Kind mitbekommen habe. Das Selbstwertgefühl kann gelernt werden. Der Glaube ist eine geeignete Schule, in der wir Selbstvertrauen und Selbstwert erlernen können. Aber wie jede Schule braucht es Ausdauer und Übung. Und der Glaube darf die psychologische Wirklichkeit nicht überspringen. Als Glaubender muß ich mich aussöhnen mit meinen Verletzungen, die mein Selbstwertgefühl angekratzt haben. Als Glaubender muß ich auch all die Hilfen in Anspruch nehmen, die mir die Psychologie anbietet. Aber ich kann im Glauben darüber hinaus einen Weg finden, zu meinem wahren Selbst zu gelangen, zu dem Selbst, so wie Gott es geformt hat. Im Glauben übersteige ich die psychologische Ebene und entdecke in mir die transpersonale

Ebene, den Raum in mir, in dem Gott in mir wohnt und in dem ich ganz ich selber bin. Wenn ich mit meinem wahren Selbst in Berührung bin, dann habe ich ein Selbstwertgefühl, das auch durch Versagen und Kränkungen nicht zunichte gemacht werden kann. Es ist ein Gefühl für meinen göttlichen Kern, über den diese Welt keine Macht hat.

II Ohnmacht meistern

Es gibt gerade in unserer Zeit typische Ohnmachtsgefühle, die begründet sind durch die politischen und gesellschaftlichen Verhältnisse, die Ohnmacht gegenüber der Ungerechtigkeit in der Welt, die Ohnmacht gegenüber Terror und Krieg. Waren in den sechziger Jahren Optimismus und Zukunftshoffnung die Grundstimmung der Zeit, so haben Rückschläge in der wirtschaftlichen, politischen und gesellschaftlichen Entwicklung dem Traum vom unbegrenzten Fortschritt „ein abruptes Ende gesetzt. Vor allem in der jungen Generation ist das Vertrauen in die Zukunft und ihre Machtbarkeit erschüttert. An seinen Platz tritt ein allgemeines Gefühl der Ohnmacht den scheinbar unüberwindlichen Sachzwängen gegenüber. Neigung zur Resignation und Rückzug in sich selbst sind die Folge davon.“ [12]

Die Erfahrung der eigenen Ohnmacht gehört wesentlich zum Menschen. Sigmund Freud hat sich eingehend mit der Erfahrung der kindlichen Ohnmacht und Hilflosigkeit beschäftigt. Das kleine Kind erfährt seine Abhängigkeit von der Mutter und von den Dingen der Außenwelt. Das „ruft peinigende Gefühle von Hilflosigkeit, Angst und Wut hervor“.[13] Nach der Phase, in der sich das Kind in Harmonie mit der Mutter und der

Welt erlebt, folgt regelmäßig „die Erfahrung von Machtlosigkeit und schwer zu bewältigenden Affekten, wie sie sich in den Mythen vom Himmelssturz der Engel und von der Ausweisung aus dem Paradies niedergeschlagen haben".[14]. Die Aufgabe des Kindes besteht darin, auf „die Erfahrung der eigenen Ohnmacht, Abhängigkeit, Wertlosigkeit, Unterlegenheit" [15] mit der Entwicklung eines gesunden Selbstbewußtseins zu antworten. Wenn das Kind sich als hilflos gegenüber Menschen oder aber gegenüber seinen eigenen Trieben erlebt, reagiert es mit Angst. Von der kindlichen Entwicklung her hängen Ohnmachtsgefühle, Selbstwertgefühle und Selbstvertrauen eng zusammen. Das Kind erlebt sich notwendigerweise als ohnmächtig und hilflos. Zu seiner gesunden Entwicklung gehört es, Selbstwertgefühl zu entwickeln und die Angst, die die Erfahrung der Ohnmacht in ihm auslöst, durch Vertrauen zu überwinden.

Auch die Erfahrungen der Erwachsenen zeigen, daß mangelndes Selbstwertgefühl und Ohnmachtsgefühl zusammenhängen. Man fühlt sich zugleich wertlos und ohnmächtig gegenüber den anderen, die vieles besser können, die schneller sind. Man fühlt sich ohnmächtig, weil man sich selbst nicht zutraut, den Erfordernissen des Lebens gewachsen zu sein. Aber es gibt eine Reihe von Ohnmachtsgefühlen, die nicht aus einem mangelnden Selbstwertgefühl stammen.

1. Ohnmachtsgefühle

Ich kann in diesem Buch nicht alle Ohnmachtsgefühle ansprechen, die die Menschen heute plagen. Ich möchte nur drei Bereiche anschauen, in denen Ohnmachtsgefühle vor allem auftreten. Es sind die Ohnmacht mir selbst und meinen Leidenschaften gegenüber, die Ohnmacht gegenüber andern Menschen und dem, was von ihnen an Macht ausgeht, und die Ohnmacht gegenüber der Situation in der Welt.

Ohnmacht mir selbst gegenüber

Ich kann mich ohnmächtig fühlen meinen Fehlern und Schwächen gegenüber. Trotz aller Kämpfe und aller Versuche, an mir zu arbeiten, falle ich immer wieder in die gleichen Fehler zurück. Ich nehme mir immer wieder vor, nicht über andere zu reden. Aber alle meine Vorsätze bleiben erfolglos. Immer wieder geschieht es doch, daß ich über andere spreche. Viele Menschen leiden darunter, daß ihre Vorsätze nichts bringen. Bei jeder Beichte oder nach jeden Exerzitien nehmen sie sich fest vor, sich mehr Zeit für das Beten zu nehmen. Sie nehmen sich vor, mehr Disziplin zu üben und ihren Hauptfehler zu bekämpfen, z.B. ihren Jähzorn oder ihre Gereiztheit. Aber schon nach zwei Wochen merken sie, daß der Vorsatz wieder umsonst war und sich überhaupt nichts in ihnen geändert hat. Trotzdem nehmen sie sich das nächste Mal wieder vor, sich zu ändern, wieder erfolglos. Das hinterläßt ein Gefühl der Ohnmacht.

Manche fühlen sich ohnmächtig gegenüber ihrer Angst. Sie haben vieles über das Phänomen der Angst gelesen, sie haben eine Therapie gemacht und ihre Angst durchgesprochen. Aber trotzdem fühlen sie sich ohnmächtig, sobald die Angst auftaucht. Da nützen alle ihre Erkenntnisse nichts. Da werden sie einfach von der Angst gepackt. Oft hilft auch der Glaube nicht weiter. Sie wissen, daß sie in Gottes Hand sind. Aber sobald sie in ein Flugzeug steigen oder vor einer Operation stehen, nützen alle frommen Worte nichts, da scheint der Glaube machtlos zu sein gegenüber dieser oft irrationalen Angst. Die Angst beschleicht sie wie ein Tier. Der Kopf und das Herz scheinen ohnmächtig gegenüber diesem heimtückischen Tier der Angst.

Andere fühlen sich ohnmächtig gegenüber ihren Emotionen. Sie möchten nicht eifersüchtig sein. Aber sie können nichts dagegen tun. Die Eifersucht taucht einfach auf, sobald sich die eigene Frau mit einem andern Mann angeregt unterhält, oder wenn der Freund mehr Zeit mit anderen verbringt. Alle Beteuerungen der Frau oder des Freundes, daß sie nur sie allein liebten, richten nichts aus. Die Eifersucht kommt einfach wieder, sobald eine ähnliche Situation auftritt. Andere fühlen sich ihren Trieben gegenüber ohnmächtig, etwa ihrer Sexualität oder ihrer Eßsucht. Alle Willensanstrengungen nützen nichts. Sie werden immer wieder von ihren Trieben beherrscht. Sie können noch so gegen ihre Eßprobleme angehen, immer wieder versagen sie. Das hinterläßt ein Gefühl von Ohnmacht und Resignation.

Eine Frau ärgert sich immer wieder, daß sie ihrer Depression hilflos ausgeliefert ist. Die Therapie hat nicht geholfen. Sobald jemand sie kritisiert, fällt sie wieder ins Loch. Und wenn sie im Loch steckt, helfen alle Gedanken nicht, die sie sich während ihrer Therapie über die Depression gemacht hat. Da hilft nicht, was sie an Worten oder Methoden dagegensetzen könnte. Sie weiß, daß es ihr guttun würde, in ihrer Depression einen andern anzurufen oder sich körperlich zu betätigen, spazierenzugehen, radzufahren oder etwas Sinnvolles zu arbeiten. Aber das hilft ihr in diesem Augenblick nicht. Da ist alles weg. Da fühlt sie sich ohnmächtig, der Depression ausgeliefert wie einer fremden Macht. Oft genug kommt die Depression wie aus heiterem Himmel, ohne ersichtlichen Grund. Alle Vorsichtsmaßnahmen dagegen können sie nicht verhindern. Auch das hinterläßt ein Gefühl von Ohnmacht.

Psychisch Kranke fühlen sich oft ohnmächtig gegenüber ihrer Krankheit. Eine Frau leidet unter Waschzwang. Alle therapeutische Begleitung hat sie bisher nicht davon befreien können. Sie muß sich einfach waschen, sobald sie sich auf einen gepolsterten Stuhl setzt.

Aber wir brauchen gar nicht auf die Kranken zu sehen. Wir alle kennen irgendwelche Zwänge, denen wir machtlos ausgeliefert sind. Da leidet einer unter dem Zwang, abends nochmals nachzusehen, ob die Türe zugesperrt ist. Ein anderer muß sich vergewissern, daß alles auf seinem Schreibtisch am richtigen

Ort liegt. Wir ärgern uns jedesmal, wenn wir auf Kritik empfindlich reagieren. Und trotzdem können wir nichts ändern. Wenn die Sprache auf bestimmte Probleme kommt, fühlen wir uns getroffen. Wenn an unsere Wunde gerührt wird, schreien wir auf. So gibt es viele psychische Gegebenheiten, denen wir uns machtlos gegenübersehen. Viele leiden an sich, weil sie das Gefühl haben, daß sie gegen ihre Wunden nie ankommen, daß das Leben sie immer nur mehr verwundet.

Viele Ohnmachtsgefühle haben in der Kindheit ihre Ursache. Kinder fühlen sich ohnmächtig, wenn die Eltern vor ihnen streiten. Sie können sich noch soviel Mühe geben, den Streit zu schlichten, es hilft nicht weiter. Kinder fühlen sich ohnmächtig, wenn sie geschlagen werden. Gegen die oft brutale Gewalt der Erwachsenen ist das Kind machtlos. Da hat es keine Chance. Da entsteht oft eine ohnmächtige Wut, die dann dazu führt, daß man sich gegen jeden Schmerz verschließen muß, um überhaupt leben zu können. Wenn ein Kind ungerecht behandelt wird, kann es dagegen protestieren, aber oft genug bleibt der Protest wirkungslos. Das Kind bleibt dem Unrecht hilflos ausgesetzt. Wenn ein Kind abgelehnt wird, obwohl es sich alle Mühe gibt, die Zuwendung der Mutter zu erlangen, entsteht ein Gefühl von Ohnmacht. Als Kind hatten wir keine Chance, uns gegenüber den Eltern zu behaupten und unsere Bedürfnisse durchzusetzen. Oft taucht so ein Ohnmachtsgefühl auf, wenn wir als Erwachsene einem begegnen, der uns an die allmächtigen Eltern oder Lehrer erinnert, wenn wir uns unterlegen fühlen, wenn wir ungerecht behandelt werden. Ich habe eine Frau begleitet, die als Kind immer wieder zusehen mußte, wie ihre Mutter dem geliebten Vater Eifersuchtsszenen machte und ihn auf übelste Weise beschimpfte. Sie selbst wurde von der Mutter als Hure verteufelt. Da fühlte sie sich ihrer Mutter gegenüber jedesmal machtlos. Sie hatte keine Chance, den eigenen Wert zu entdecken. Immer wenn sie später auf Frauen traf, die ihrer Mutter glichen, fühlte sie sich gelähmt. Alle psychologischen Kenntnisse, die sie sich inzwischen erworben hatte, halfen ihr dann über ihre Gefühl von Ohnmacht nicht hinweg.

Gerade in Momenten tiefer Einsamkeit kann das kindliche Ohnmachtsgefühl wieder bewußt werden, daß wir allein auf uns gestellt sind und uns letztlich keiner versteht. Wir fühlen uns allein. Keiner versteht unsere Gefühle, keiner bemerkt unsere Wünsche. Immer dann, wenn Ohnmachtsgefühle gegenüber der realen Erfahrung unangemessen stark sind, sollten wir in unsere Kindheit schauen, ob da Erinnerungen hochkommen, wo wir uns ähnlich gefühlt haben. Die Erinnerung allein befreit uns noch nicht vom Ohnmachtsgefühl, aber sie kann eine Hilfe sein, uns damit auseinanderzusetzen und es so zu überwinden. Zumindest können wir unsere Gefühle dann besser verstehen. Wir werden uns nicht mehr selbst ablehnen, wenn Ohnmachtsgefühle in uns aufsteigen. Durch Verstehen und durch das Sprechen über unsere Ohnmacht kann sie sich verwandeln. Wenn wir wissen, woher unsere Ohnmachtsgefühle stammen, werden sie an Macht verlieren, und wir können besser damit umgehen.

Ohnmacht andern Menschen gegenüber

Dann gibt es Ohnmachtsgefühle gegenüber andern Menschen. Auch sie haben oft ihre Ursache in kindlichen Erfahrungen. Eine Frau fühlt sich ihrer Mutter gegenüber ohnmächtig. Sie kann sich nicht gegen sie wehren. Wenn die Mutter sie kritisiert und sie an ihrer empfindlichen Stelle trifft, dann ist sie wie gelähmt. Alle Gespräche, die sie mit anderen über ihre Mutter geführt hat, in denen sie Strategien entwickelt hat, sich von ihrer Mutter abzugrenzen, helfen in diesem Augenblick nicht. Die Mutter hat ein feines Gespür, wo sie die Tochter treffen kann. Sie braucht ihr nur vorzuwerfen, daß sie so nie einen Mann findet, dann hat sie einfach Macht über sie. Und die Tochter kann sich dieser Macht nicht entziehen. Ein Mann ist seinem Vater gegenüber ohnmächtig. Der Vater kann alles, er ist intelligent und entwertet ständig, was der Sohn tut. Da kann der Sohn sich noch so anstrengen, er kann gegen seinen Vater nichts ausrichten. Er kann seinen Erwartungen nie entsprechen. Und vor allem kann er sich gegen seine Sticheleien und gegen seine entwertenden Urteile nicht wehren. Ein anderer kann sich gegenüber seinem Chef nicht behaupten. Wenn er losbrüllt, zuckt er zusammen und tut grollend doch, was der Chef will. Er nimmt sich immer wieder vor, zu sagen, wo seine Grenzen sind, was er übernehmen kann und was nicht. Aber immer wieder gibt er nach, wenn der Chef ihn laut anfährt.

Man kann sich auch gegenüber Menschen ohnmächtig fühlen, die einem nicht vorgesetzt sind, sondern mit einem auf der gleichen Stufe leben. Da ist eine Studentin ohnmächtig, wenn ihre Mitstudentin ihr ein schlechtes Gewissen einimpft, daß sie zu wenig studiert. Jemandem Schuldgefühle einzureden ist ein subtiles Machtmittel. Dagegen kann man sich kaum wehren. Denn keiner von uns ist ja ohne jede Schuld. Wir sind immer Menschen, die auch Schuld auf sich laden. Wenn mir nun jemand Schuldgefühle aufdrängt, sobald ich einmal meinen eigenen Willen durchsetze, dann kann ich mich dem kaum entziehen. Auch wenn ich mit dem Kopf noch so sehr weiß, daß ich richtig gehandelt habe, so nagt das Schuldgefühl doch an mir. Es ist wie ein Gift, das der andere mir einspritzt. Ich kann mich davon nicht befreien. Solche Schuldgefühle können uns vor allem die Eltern einimpfen. Wenn die kranke Mutter sagt: „Du bringst mich noch ins Grab, wenn du dich nicht um mich kümmerst. Ich bin so allein. Ist das der Dank für alles, was ich dir getan habe?“, dann kann sich die Tochter kaum dagegen verschließen. Da kommen sofort Schuldgefühle hoch. Die Mutter könnte ja sterben, dann würde sie sich vorwerfen, daß sie nicht genügend für sie getan habe. So fährt sie voller Aggressionen zur Mutter, um ihr zu helfen, und ärgert sich wieder, daß sie sich von den Schuldgefühlen bestimmen ließ.

Ohnmächtig fühlen sich Menschen, die unglücklich verliebt sind. Sie lieben ihren Partner oder ihre Partnerin und verstricken sich doch immer mehr in ein undurchschaubares Knäuel von Vorwürfen, Beschimpfungen, Beleidigungen und Wutausbrüchen. Sie möchten mit dem, den sie lieben, eine gute Beziehung leben, aber die Beziehung wird immer unerträglicher. Sie können machen, was sie wollen. Sie fühlen sich hilflos in der verfahrenen Beziehung. Sie können sich aber auch nicht vom Gefühl ihrer Liebe für den andern befreien. Sie fühlen sich vom Geliebten abhängig, sie geben ihm Macht über sich und sind doch selber machtlos, die Beziehung so zu gestalten, wie sie es gerne hätten. Eheberater erleben oft die Ohnmacht der Ehepartner, miteinander angemessen zu kommunizieren und ihre Konflikte kreativ zu lösen. Jeder Partner hat guten Willen, und trotzdem sind sie unfähig, miteinander gut zu reden. Jeder fühlt sich ohnmächtig seinen eigenen Gefühlen gegenüber und machtlos den Verletzungen und Kränkungen des andern ausgesetzt.

Ohnmacht gegenüber der Welt

Wenn wir heute von Ohnmachtsgefühlen sprechen, meinen wir vor allem die Gefühle unserer Welt gegenüber. Viele fühlen sich ohnmächtig gegenüber einer anonymen Bürokratie. Trotz aller Bemühungen von Politikern um eine menschenfreundliche Bürokratie begegnen wir doch immer wieder Fällen, wo die Bürokratie sich über jeden Menschenverstand hinweggesetzt, wo sie gerade die Verlierer tödlich trifft. Viele fühlen sich ohnmächtig, wenn die staatlichen Behörden unmenschliche Urteile fällen, wenn sie etwa Asylbewerber abschieben, von denen man sicher weiß, daß sie daheim gefoltert werden. Alle Versuche, die Behörden zu überzeugen, prallen an einer undurchdringlichen Gesetzesmauer ab. Man verschanzt sich hinter irgendwelchen Gesetzen und läßt das Herz zu Stein werden. Das Kirchenasyl ist ein Versuch, sich gegen dieses Ohnmachtsgefühl zu wehren. Für viele war es befreiend, daß die Kirche da einen Raum bietet, der uns davor schützt, in unseren Ohnmachtsgefühlen zu resignieren.

Viele fühlen sich ohnmächtig, wenn sie die Bilder aus Ruanda oder aus Bosnien im Fernsehen anschauen. Sie versuchen, ihrer Ohnmacht Ausdruck zu geben, indem sie sich an die Politiker wenden. Aber da dringen sie nicht durch. Manche entlasten sich, indem sie Geld spenden. Aber es bleibt das Gefühl von Ohnmacht, daß da ganz in unserer Nähe irreale Dinge ablaufen, die man sich nie hätte träumen lassen. Man ist machtlos gegenüber einer Grausamkeit, die man längst vergangen wähnte. Man sieht das Elend, die schreienden Kinder, die verzweifelten Mütter, vergewaltigte Frauen, gefolterte Soldaten, zerschossene Menschen, Massengräber. Und man kann nichts dagegen tun. Das lähmt, das hinterläßt ein tiefes Ohnmachtsgefühl, oft genug Resignation, ja Depression. Man betet dagegen an, aber auch Gott scheint zu schweigen. Es ändert sich trotz aller Gebetsnächte nichts in Bosnien. Die Menschen in Ruanda sterben trotzdem weiter.

Politiker, die sich einsetzen für die Dritte Welt, erfahren ihre Ohnmacht, den Völkern dort wirksam zu helfen. Missionare, die jahrzehntelang in Tanzania leben, wissen weniger als je zuvor, wie sie die Verhältnisse dort wirklich bessern und den Menschen dort auf Dauer wirksam helfen können. Sie fühlen sich ohnmächtig gegenüber den lähmenden Strukturen im eigenen Land, aber ebenso auch gegenüber der Verstrickung in die Zwänge des Welthandels, in die Schuldenlast, die sich immer mehr anhäuft, gegenüber dem aussichtslosen Kampf der armen Länder um ihren gerechten Anteil am großen Kuchen des Welteinkommens. Trotz aller Anstrengungen wird der Teil am Kuchen, den man sich mühsam erkämpft, immer kleiner. Und wenn nach langem Ringen endlich eine funktionierende Volkswirtschaft aufgebaut wurde, wird sie durch Stammesfehden wieder zerstört. Der Kampf um eine friedliche Entwicklung und um wirtschaftlichen Aufbau in Afrika scheint vergebens zu sein. Ja, manche Politiker haben sich damit abgefunden, daß Afrika ein sterbender Kontinent ist. Es ist fatal, wie sie ihre Ohnmacht, etwas zu verändern, mit fadenscheinigen Gründen zu rechtfertigen suchen.

Psychologen und Seelsorger analysieren die Zeitverhältnisse. Sie sehen, wie das Fernsehen immer mehr Kinder in ihrer Psyche zerstört, wie Computerspiele das Herz erstarren lassen, wie mangelnde Geborgenheit die Gewalt in der Gesellschaft anheizt. Sie entdecken Tendenzen in unserer Gesellschaft, die sie erschrecken. Aber sie fühlen sich ohnmächtig, etwas dagegen zu unternehmen. Ihre Warnungen sind wie Kassandrarufe, die keiner hören möchte. Keiner scheint zu merken, wie gefährlich manche Strömungen heute sind. Die Warnungen verhallen. Das Ohnmachtsgefühl, vergebens gegen die Zunahme der Gewalt in der Gesellschaft und des Fremdenhasses zu kämpfen, lähmt immer mehr. Man gibt den Kampf auf. Es hat ja doch keinen Zweck. Es will ja doch keiner hören. Die Leute wollen sich viel lieber von schönredenden Propheten einlullen lassen.

Eine Krankenschwester auf einer Sozialstation muß immer mehr Patienten pflegen, die mit einer Sonde ernährt werden und deren Leben so künstlich verlängert wird. Sie spürt, daß das doch nicht das Ziel des Lebens sein kann, einfach dahinzuvegetieren. Vor allem aber wird die Pflege immer härter. Doch alle gemeinsamen Versuche der Schwestern helfen nicht weiter. Die Ärzte haben das Sagen. Und wem sie eine Sonde verordnen – oft sogar gegen den Willen der Angehörigen –, der muß daheim künstlich weiter ernährt werden. Die Schwestern fühlen sich machtlos gegenüber den Ärzten, die mit ihren Maßnahmen viel Leid in die Familien hineintragen und die Arbeitsbedingungen der Schwestern erschweren. Alle Appelle an menschliche Vernunft fruchten nicht. So gibt es viele Situationen, in denen sich Menschen ohnmächtig fühlen, eine Entwicklung zu stoppen, bei der jeder sieht, daß sie in die falsche Richtung läuft.

In beiden Kirchen arbeiten die Pfarrer immer mehr, um die Glieder ihrer Pfarrgemeinden zu motivieren und eine lebendige Gemeinde aufzubauen. Aber ihre Anstrengungen bleiben wirkungslos. Immer weniger nehmen ihr Angebot an Vorträgen, Gesprächsrunden und Gottesdiensten in Anspruch. Manche Männer und Frauen in der Seelsorge resignieren. Sie haben den Eindruck, sie würden gegen einen Sandrutsch ankämpfen. Sie können machen, was sie wollen, es bröckelt immer mehr ab. Sie fühlen sich ohnmächtig gegenüber dem Zeitgeist, ohnmächtig gegenüber einer schleichenden Entchristlichung. Ähnlich fühlen sich viele Eltern, denen es ein Anliegen ist, ihre Kinder christlich zu erziehen. Gegen den Trend der Zeit können sie nicht gewinnen. So müssen sie machtlos zusehen, wie ihre Kinder nicht mehr in die Kirche gehen und nach anderen Wegen für sich suchen.

2. Folgen aus dem Ohnmachtsgefühl

Kein Mensch kann gut das Gefühl der Ohnmacht aushalten. So reagiert er auf verschiedene Weise, um dieses so negativ belastete Gefühl loszuwerden.

Wut und Gewalt

Da ist einmal die Reaktion der Wut. Wenn man sich einem Menschen gegenüber ohnmächtig fühlt, dann kommt oft eine blinde Wut in einem hoch. Am liebsten möchte man den andern kurz und klein schlagen. So ging es Dawson immer dann, wenn in ihm das Gefühl der Ohnmacht hochstieg, das er aus seiner Kindheit kannte, wenn sein Vater ihn geschlagen hatte. John Bradshaw erzählt von Dawson, daß er als Rausschmeißer in einer Nachtbar einem Mann, der ihn geärgert hatte, den Kiefer zerbrochen hat. Um die Angst vor dem Geschlagenwerden zu überwinden, identifizierte er sich in solchen Situationen mit seinem Vater. „Immer wenn ihn eine Situation an die brutalen Szenen seiner Kindheit erinnerte, wurden in ihm die alten Gefühle der Ohnmacht und der Angst geweckt. Dann verwandelte sich Dawson in seinen gewalttätigen Vater und verletzte andere in der gleichen Weise, wie sein Vater ihn verletzt hatte.“ [16]

Das Phänomen der zunehmenden Gewalt in der Gesellschaft, der Gewalt in der Schule, der Gewalt der Rechtsradikalen, der Gewalt gegen Ausländer hat sicher viele Ursachen. Eine Ursache liegt in der Erziehung. Wenn ein Kind zu wenig beachtet wird, muß es auffallen, um Beachtung zu finden. Wenn einem Kind Gewalt angetan wird, indem es lächerlich gemacht oder geschlagen wird, wird es selbst Gewalt anwenden. Verletzte Kinder geben die Verletzungen weiter, die sie empfangen haben. Wenn wir die Verletzungen unserer Kindheit nicht aufarbeiten, sind wir dazu verdammt, andere zu verletzen. Manche Jugendliche haben ein so geringes Selbstwertgefühl, daß sie sich nur dann spüren, wenn sie gewalttätig sind. Ein Grund für die Gewalt ist sicher auch die Ohnmacht, etwas in dieser Gesellschaft ändern zu können. Die Gewalt nimmt ja vor allem dort zu, wo die Jugendlichen wenig berufliche Chancen haben, wo sie keinen Sinn finden und wo sie zu wenig beachtet werden. Die Gewalt ist dann Ausdruck der eigenen Schwäche, des Gefühls, unbedeutend und wertlos zu sein. Man will sich dann mit Gewalt zu Gehör bringen. Oft haben junge Menschen nicht gelernt, sich mit Worten zu wehren, dann ist die einzige Waffe die Gewalt. Andere haben keine Worte, um ihre Bedürfnisse auszudrücken, so bleibt ihnen nur, daß sie alles zusammenschlagen, um ihr Bedürfnis nach Zuwendung herauszuschreien. Wer seiner mächtig ist, der hat es nicht nötig, sich gewaltsam bemerkbar zu machen. Aber wer in sich und über sich selbst keine Macht hat, der muß die Macht nach außen zeigen, der muß andere erniedrigen, um an die eigene Größe glauben zu können, der muß anderen Gewalt anzutun, um sich mächtig zu fühlen.

Brutalität

Auch wenn einer sich ohnmächtig fühlt seinen eigenen Fehlern und Schwächen gegenüber, reagiert er oft genug mit Wut. Er wird wütend gegen sich selbst und versucht dann, mit sich selbst brutal umzugehen. Gerade Menschen, die ihre Ohnmacht gegenüber ihren Trieben spüren, führen oft einen grausamen Kampf gegen sich selbst. Da versucht einer, seine Sexualität mit Gewalt in Griff zu bekommen. Aber es gelingt ihm nicht. Sie regt sich dennoch immer wieder. Dann verlagert sich die Grausamkeit oft ins Gewissen. Er wird sich selbst ein unbarmherziger Richter, verurteilt sich wegen seiner sexuellen Phantasien und wird zugleich zum harten Moralapostel, der gegen alle schimpfen muß, die ihre Sexualität leben. Furrer, ein Schweizer Therapeut, meint, verdrängte Sexualität führe oft zur Brutalität. Sie zeigt sich oft bei Moralisten, die recht brutal den andern die Gebote einhämmern und jeden verurteilen, der ihnen nicht gerecht wird. Sie müssen ihren Blick ständig auf die andern richten und ausspionieren, wie sie ihre Sexualität leben, damit sie sie dann um so brutaler verurteilen und verfolgen können. In den USA hat eine puritanische Haltung dazu geführt, jeden, der in der Öffentlichkeit steht, auf sexuelle Übergriffe hin zu kontrollieren. Natürlich geschieht gerade in der Sexualität auch heute noch viel Gewalt. Die meisten Verletzungen finden sich im Bereich der Sexualität. Es ist erschreckend, wie viele Frauen als Kinder sexuell mißbraucht worden sind. Es sind immer Männer, die mit ihrer Sexualität nicht gut umgehen können, die sie verdrängt haben und sie deshalb an den schwächeren Kindern ausleben müssen. Es gibt in bestürzendem Ausmaß den sexuellen Mißbrauch, aber es gibt heute auch schon den Mißbrauch des Mißbrauchs. Man bezichtigt auch unschuldige Männer des Mißbrauchs. Gegen so einen Vorwurf kann man sich nie einwandfrei verteidigen, da ist man machtlos. Der Vorwurf ist schon eine Vorverurteilung. Im Mißbrauch und im Mißbrauch des Mißbrauchs drückt sich in gleicher Weise die Ohnmacht gegenüber der eigenen und des anderen Sexualität aus.

Rigorismus

Ohnmachtsgefühle führen immer zum Rigorismus. Das gilt für die fundamentalistischen Moslems genauso wie für die gegen sich selbst wütenden christlichen Asketen. Die fundamentalistischen Moslems fühlen sich ohnmächtig gegenüber dem Einfluß der westlichen Zivilisation. So wollen sie mit Gewalt einen Damm dagegen errichten. Ähnlich ist es bei manchen fundamentalistischen Christen. Sie fühlen sich ohnmächtig, ihr christliches Ideal in aller Ruhe zu erfüllen. So müssen sie die Ohnmacht verdecken durch einen lärmenden Kampf gegen alle Unmoral der Gesellschaft. In der evangelischen Kirche sind es manche evangelikale Gruppen, die sehr unbarmherzig mit ihren Mitchristen umgehen und ihnen überall Abweichungen von der Bibel und Unmoral vorwerfen. Im katholischen Bereich sind es militante Marienverehrer, die jeden beschimpfen, der versucht, Maria so zu beschreiben, wie es der Bibel und nicht ihren eigenen Vorstellungen entspricht. Die militanten Gruppen machen auch vor der kirchlichen Autorität nicht halt. Kardinal Döpfner, im Herzen sicher ein eher konservativer Mann, der es verstand, die progressiven Richtungen in die Kirche einzubinden, war ein frommer Marienverehrer. Aber er zog eine Flut von Schmähbriefen auf sich, weil er es duldete, daß das Musical „Ave Eva“ von Wilhelm Willms und Peter Janssens in der Abtei St. Bonifaz in München aufgeführt wurde. Selbst so persönlich fromme Menschen wie Kardinal Döpfner, Vorsitzender der deutschen Bischofskonferenz, werden dann in unflätiger Weise beschimpft, wenn sie den eigenen Vorstellungen nicht entsprechen.

Es ist schwierig, mit militanten Christen ins Gespräch zu kommen. Sie meinen es durchaus gut. Sie glauben, daß sie die Botschaft Jesu vertreten und für die reine Verkündigung kämpfen. Aber sie merken gar nicht, wie unchristlich ihr Kampf wird. Da werden die Gegner auf unflätige Weise beschimpft und mit nächtlichen Anrufen verfolgt. Die Frage ist, warum solche unbarmherzigen Christen nicht mit sich reden lassen. Offensichtlich sind sie voller Angst, jemand könnte sie an ihre eigene Ohnmacht erinnern, das zu leben, was sie gerne leben möchten. Diese Christen versuchen durchaus, christlich zu leben. Sie strengen sich an, die Gebote zu erfüllen. Aber sie können ihre Ohnmacht nicht aushalten, daß sie doch nie erreichen, was sie gerne möchten. Wenn wir in die Kirchengeschichte schauen, dann haben die größten Moralprediger nie das gelebt, was sie von aller Welt verlangten. Ihre Moralpredigt war offensichtlich der Versuch, der eigenen Ohnmacht auszuweichen, indem sie vehement für die Befolgung von Gottes Geboten eintraten. Sie hatten Angst vor dem eigenen Schatten, vor der Unmoral des eigenen Herzens, und sie flohen vor ihrer Angst, indem sie andere als unmoralisch angriffen. Weil sie den Teufel im eigenen Herzen fürchteten, mußten sie andere verteufeln. In ihrer Ohnmacht haben sie aber eine brutale Macht ausgeübt über die, denen sie ihre unmenschliche Moral gepredigt haben. In ihrer Angst vor dem eigenen Schatten haben sie andern Angst gemacht vor Schuld und Sünde.

Selbstbestrafung

Wut und Brutalität als Antwort auf das Ohnmachtsgefühl richten sich aber nicht nur gegen andere, sondern oft genug gegen sich selbst. Wer sich ohnmächtig fühlt, seine eigenen Ideale zu verwirklichen, der geht mit sich selbst oft sehr rigoros um. Er versucht, seine Triebe und Leidenschaften abzuschneiden. Er verbietet sich jede Freude. Er bestraft sich ständig, wenn er doch ein Gebot übertreten hat. Die Selbstbestrafung kann sich in einem Unfall oder in einer Krankheit ausdrücken oder aber in harten Verzichten, mit denen er auf sein Versagen reagiert. Die Grausamkeit verlagert sich dann häufig ins Gewissen. Unbarmherzig urteilt das Gewissen über die eigenen Fehler. Solche Menschen zerren sich selbst ständig vor den Richterstuhl des unbarmherzigen Über-Ichs. Sie glauben zwar an die Barmherzigkeit Gottes, aber mit sich selbst gehen sie sehr unbarmherzig um. Sie verurteilen sich wegen kleinster Fehler und üben einen seelischen Terror gegen sich aus. Sie wüten in einer finsteren Askese gegen sich selbst. Eine Frau ißt immer wieder zuviel und bestraft sich dann jedesmal mit Fasten. Sie kreist immer wieder um dieses Thema Essen und Fasten. Fasten ist ja ein bewährter Weg zur inneren Freiheit. Aber wenn ich faste, um mich für mein zu vieles Essen zu bestrafen, dann gehe ich hart und grausam mit mir um. Dann führt mich das Fasten nicht in die Freiheit, sondern macht mich nur aggressiv und unzufrieden.

Resignation und Verzweiflung

Eine andere Reaktion auf die Erfahrung der eigenen Ohnmacht ist die Resignation, die Verzweiflung. Immer wieder hat man versucht, seine Fehler zu überwinden, und immer wieder ist man enttäuscht worden. Die ständige Enttäuschung über mich selbst führt zur Resignation. Ich gebe den Kampf auf und lebe dann einfach nur noch so dahin, ohne große Ziele. Meine Ideale zerbrechen. Es hat ja doch alles keinen Zweck. Ich komme ja doch nicht weiter. Nach außen arbeite ich fleißig weiter und bin weiterhin erfolgreich. Aber die Grundmelodie meines Lebens ist die Verzweiflung. Ich stürze mich in die Arbeit, um dieser Verzweiflung nicht mehr zu begegnen. Aber sie schaut mich immer wieder an, sobald ich zur Ruhe komme und nichts mehr in der Hand habe, was ich gerade anpacken könnte. Resignation und Verzweiflung sind oft der Hintergrund, auf dem Menschen sich in die Arbeit oder ins Vergnügen stürzen, sie starren uns an durch lächelnde Reklamegesichter hindurch, sie begegnen uns in den Animateuren, die andere zur Fröhlichkeit antreiben sollen, und in den Gesichtern von Managern, die rund um die Uhr arbeiten, um ihrer inneren Leere davonzulaufen. Es sind Menschen, die es aufgegeben haben, weiter zu suchen und weiter zu kämpfen. Sie geben sich resigniert mit dem Vordergründigen zufrieden und spüren in sich doch den Stachel, daß es noch etwas ganz anderes gibt, daß Gott uns zu einem anderen Leben berufen hat.

Resignation und Verzweiflung begegnen uns auch auf gesellschaftlicher und politischer Ebene. Da geben Politiker und Wirtschaftler den Kampf für eine bessere Umwelt oder für mehr Gerechtigkeit in der Welt auf, weil sie keinen Erfolg sehen. Sie spüren, daß wir auf einem Pulverfaß sitzen, aber sie verschließen die Augen davor und treiben ihr Tagesgeschäft weiter. Hinter manchen früher engagierten Politikern und Managern gähnt eine verzweifelte Leere, die überdeckt wird durch ständige Aktivität. Man ist ja immer unterwegs und kämpft für gute Zwecke. Aber den eigentlichen Kampf hat man aufgegeben. Man fühlt sich ohnmächtig, wirklich etwas in dieser Welt zu erreichen. Manchmal hat man das Gefühl, daß die großtönenden Worte der Politiker nur die Ohnmacht verdecken wollen, die sie längst gespürt und vor der sie resigniert aufgegeben haben. Wenn man einen Politiker oder Wirtschaftler, der ununterbrochen arbeitet, kritisiert, reagiert er meistens sehr empfindlich. Da spürt man, daß er mit seinem vielen Arbeiten nur die innere Ohnmacht kaschiert, die unter der Oberfläche seiner Aktivitäten lauert und ihm Angst macht.

3. Wege zum Umgang mit der Ohnmacht

A Menschliche Wege

Wir können der Ohnmacht nicht ausweichen, weil sie wesentlich zu unserer endlichen Existenz gehört. Aber wir können auf verschiedene Weise mit unserer Ohnmacht umgehen. Wir können resignierend oder aggressiv darauf reagieren, oder aber kreativ unsere Ohnmacht gestalten. Wenn wir aktiv auf unsere Ohnmacht antworten, dann kann sie für unser Leben fruchtbar werden. Dann kann sie uns anregen, das für uns selbst oder für unsere Welt zu tun, was uns möglich ist. Sie kann zu einer Quelle von Phantasie werden, diese Welt menschlicher zu gestalten. Wenn wir aktiv auf unsere Ohnmacht reagieren, können wir sie oft auch überwinden. Wir fühlen uns dann nicht mehr ohnmächtig, weil wir selbst die Initiative ergreifen und unser Möglichstes tun. Ich möchte einige Wege aufzeigen, wie wir auf unsere Ohnmacht gegenüber der Weltsituation und gegenüber uns selbst positiv antworten können.

Gemeinsame Wege

Ein Versuch, die gesellschaftliche Ohnmacht zu überwinden, sind die Bürgerinitiativen. Man schließt sich zusammen, um für ein Anliegen zu kämpfen. Alleine würde man ohnmächtig sein, z.B. die ruhige Lage des eigenen Wohnviertels zu verteidigen. Gemeinsam kann man etwas erreichen. Da kann man die Politiker zwingen, nochmals neu nachzudenken und andere Möglichkeiten der Verkehrsführung zu überlegen. Bürgerinitiativen kämpfen manchmal gegen Beschlüsse der Politiker, die oft genug durch Fraktionszwang gebunden sind und wider besseres Wissen entscheiden müssen. Viele Initiativen kämpfen aber nicht gegen, sondern für etwas. Sie setzen sich z.B. für die Kinderbetreuung im Wohnviertel ein oder für Nachbarschaftshilfe, für Krankenbesuche, für mehr Kinderspielplätze, für Straßenfeste usw. Solche Initiativen geben das Gefühl, daß man den Zwängen der Gesellschaft nicht einfach ausgesetzt ist, sondern mitten in dieser anonymen Welt Gemeinschaft stiften und das Zusammenleben gestalten kann.

Gemeinsame Wege aus der Ohnmacht sind ferner die Versuche, eine bessere Kommunikation zu schaffen. Firmen, Pfarrgemeinden, Familien, Klöster, alle diese Gruppen leiden oft unter mangelnder Kommunikation. Sobald man aber nicht mehr gut miteinander sprechen kann, gelingt nichts mehr. Die Firma arbeitet noch weiter so vor sich hin, aber sie gestaltet die Zukunft nicht mehr, sie hat keinen Einfluß mehr auf die Menschen, es gehen keine neuen Ideen von ihr aus. Das gleiche gilt von Klöstern und Pfarreien. Wenn man nicht mehr gut miteinander reden kann, trocknet das Leben aus. Jeder arbeitet dann zwar noch ganz verbissen, aber es geht nichts mehr zusammen. Und es geht keine Kreativität mehr von der Gemeinschaft aus. Ein Weg aus dem resignierten Alltagstrott ist der Versuch neuer Kommunikationsmodelle. Da sprechen die Menschen über ihre Gefühle, über ihre Sehnsüchte, über die Möglichkeiten und Fähigkeiten, die in ihnen stecken. Und sie sprechen über ihre Ängste und über ihre Träume und Erwartungen für die Zukunft. Dann entsteht ein Potential von Macht, das der Ohnmacht entgegensteht und sie überwindet. Dann sieht man auf einmal der Zukunft hoffnungsvoll entgegen, dann hat man Lust daran, die Gemeinschaft und mit ihr ein Stück Welt zu gestalten und zu formen.

Persönliche Wege

Ein persönlicher Weg aus der Ohnmacht heraus kann darin bestehen, an sich selbst zu arbeiten. Die Arbeit an sich selbst hat die Tradition Askese genannt. Sie meint damit, daß wir unser Leben selber formen durch Verzichten, durch Disziplin und durch eine gesunde Ordnung. Askese heißt eigentlich Übung. Ich trainiere mich in neue Fertigkeiten, ich trainiere mich in die innere Freiheit hinein. Heute sind wir in Gefahr, uns wehleidig zu bedauern, daß wir ja an uns nichts ändern können und ohnmächtig zusehen müssen, wie wir durch unsere Erziehung geworden sind. Askese heißt eigentlich: Lust am Gestalten, Lust daran, an mir zu arbeiten, Neues in mir zu entdecken und zu formen. In der Askese bekomme ich ein Gespür für mich, ein Gespür, daß ich selber lebe und nicht gelebt werde. Ich werde meiner mächtig, anstatt ohnmächtig zuzusehen, wie ich von außen bestimmt oder von meinen Leidenschaften beherrscht werde. Ich bin meinen Fehlern und Schwächen nicht einfach ausgeliefert. Ich kann an mir arbeiten, ich kann manches verändern, ich kann mich von manchen Zwängen befreien. Allerdings werde ich in meiner Askese immer auch an Grenzen kommen, werde auf neue Weise meine Ohnmacht erfahren, daß ich nicht alles machen kann, was ich möchte, und mich auch durch Askese nicht total in die Hand bekomme. Aber dann wird diese Ohnmacht zum Ort der Erfahrung von Gnade und nicht zur Quelle von Resignation.

Wenn sich jemand seinen Ängsten oder seinen Leidenschaften gegenüber ohnmächtig fühlt, dann hilft oft eine therapeutische Begleitung. In der Therapie kann ich die Ursachen meiner Angst oder meines Jähzorns entdecken und mich mit den Wunden der Vergangenheit aussöhnen. Die Erkenntnis der Ursachen allein allerdings heilt mich noch nicht. Ich muß die Schmerzen nochmals zulassen, die ich als Kind erlebt habe, ich muß sie betrauern, um dann Abschied zu nehmen von den Reaktionsweisen der Kindheit. Langsam kann ich dann lernen, kreativ mit meiner Angst oder mit meinen Wunden umzugehen. Ich stehe meiner Angst nicht mehr ohnmächtig gegenüber, sondern kann auf sie angemessen reagieren. Ich spüre, daß sie einen Sinn hat, daß sie mich auf das rechte Maß hinweisen möchte. Therapie wird mich nie dazu führen, mich nie mehr ohnmächtig zu fühlen. Sie kann mir aber helfen, anders mit meiner Ohnmacht umzugehen, mich zuerst mit ihr auszusöhnen und dann die Möglichkeiten, die mir zur Verfügung stehen, auszuprobieren. C.G. Jung meint, es komme darauf an, daß ich irgendwann in meinem Leben die Verantwortung für mein Leben selbst in die Hand nehme, daß ich ja sage zu meiner Vergangenheit und sie als das Material verstehe, das es zu formen gilt. Wenn ich die Verantwortung für mein Leben übernehme, gehe ich aktiv um mit der Erfahrung der Ohnmacht. Ich weiß, daß ich nicht alles machen kann, was ich will. Aber ich kann doch manches in meinem Leben verwandeln. Dann werde ich nicht mehr von meinen Verletzungen bestimmt, sie werden vielmehr zu einer Quelle neuer Möglichkeiten. Viele bleiben heute im Jammern stekken, daß sie es so schlimm hätten, ohne danach zu suchen, wie ihre Wunden geheilt werden und wie sie neue Möglichkeiten in sich entdecken könnten.

Gesunde Rituale

Viele haben heute das Gefühl, daß sie von Sachzwängen bestimmt werden. Sie fühlen sich ohnmächtig diesen Zwängen gegenüber. Gesunde Rituale können uns helfen, unserem Leben eine Form zu geben, die uns guttut. Wenn ich gesunde Rituale entwickle, Rituale, wie ich den Tag beginne oder beschließe, wie ich das Wochenende gestalte, dann habe ich das Gefühl, daß ich selber lebe, anstatt gelebt zu werden. Ich bin dieser Welt mit ihren Zwängen nicht ohnmächtig ausgesetzt. Ich kann meinem Leben selber eine Form geben, die mir Spaß macht. Nach Sigmund Freud haben die Rituale die Aufgabe, die Angst zu bannen. Formlosigkeit erzeugt Angst. Rituale helfen uns, diese Angst zu überwinden. Rituale sind Teil einer gesunden Lebenskultur. Die Kultur, die wir unserem Leben geben, befreit uns von dem Gefühl, von andern bestimmt zu werden. Wir können unsere Lebenskultur selber gestalten. Rituale und Lebenskultur stärken unser Gefühl der Identität und der Freiheit. Und sie vermitteln Lust am Leben. Ich habe Lust daran, meinem Leben eine schöne und gesunde Form zu geben. Ich fühle mich wohl in meinen Ritualen. Sie sind Ausdruck meiner Phantasie und meiner Freiheit. Ich stehe meinem Leben nicht ohnmächtig gegenüber, ich übernehme die Verantwortung für mein Leben und gestalte es so, daß es mir guttut.

Sich von der Macht des anderen befreien

Viele Menschen fühlen sich ohnmächtig andern gegenüber. Sie können sich nicht wehren gegenüber dem Chef, dem Ehepartner, dem Arbeitskollegen, der sie verletzt. Sie sind machtlos den Sticheleien und Verwundungen ausgeliefert. Da kann die Wut ein wichtiges Medikament sein, das uns von der Ohnmacht Menschen gegenüber befreit. Die Wut ist die Kraft, mich vom andern zu distanzieren, den andern, der mich verletzt hat, aus mir hinauszuwerfen. Ein wichtiger Grundsatz im Umgang mit Menschen, die mich verletzen und bestimmen, ist: Der andere hat immer nur soviel Macht über mich, wie ich ihm gebe. Ich kann kaum verhindern, daß ich empfindlich reagiere, wenn mich einer kränkt. Aber ob ich den ganzen Tag Selbstgespräche führe und um meine Verletzung kreise, das ist meine Entscheidung. Ich kann nicht jedes Gefühl von Ärger unterdrücken. Aber ob ich mich in meinen Ärger hineinsteigere, oder ob ich mich davon distanziere, das ist in meiner Hand. Der Ärger ist ja durchaus eine positive Kraft. Denn er treibt mich dazu an, etwas zu ändern. Ich kann eine Situation ändern, über die ich mich ärgere, indem ich etwas anders organisiere. Oder ich kann meine Beziehung zu dem ändern, der mich ärgert. Dann ist der Ärger die Kraft, mich vom andern zu distanzieren, ihn innerlich aus mir hinauszuwerfen, ihm ein inneres Hausverbot zu erteilen. Ich verbiete mir, in meinem Haus, in meinem Zimmer ständig über den andern nachzudenken. Da hat er keinen Platz. Ich erweise ihm nicht die Ehre, mir von ihm mein Abendessen verderben zu lassen. Es liegt an mir, ob ich mich dem andern gegenüber ohnmächtig fühle, oder ob ich mich von der Macht des andern befreie, indem ich mich von ihm distanziere und ihn aus meinem Herzen hinauswerfe.

Ich begleite immer wieder Frauen, die als Kinder sexuell mißbraucht worden sind. Das Fatale ist, daß sie neben ihrer Wut zugleich Schuldgefühle haben, daß sie sich nicht gewehrt haben oder wieder zu diesem Mann hingegangen sind. Ich versuche, diesen Frauen Mut zu machen, mit ihrer Wut in Berührung zu kommen, den, der sie so in ihrer Würde verletzt hat, aus sich hinauszuwerfen. Das ist dann oft der Anfang der Heilung. Wenn der andere, der mich verletzt hat, noch in meinem Herzen ist, wäre die Vergebung nur ein masochistisches Sich-selber-Kränken. Ich würde weiter in meiner Wunde bohren. Erst wenn ich den Verwunder aus mir hinauswerfe, kann ich ihn objektiver sehen und ihm von Herzen vergeben. Die Vergebung ist dann die endgültige Befreiung von der Macht des andern. Wer nicht vergeben kann, der wird von dem bestimmt, der ihn gekränkt hat. Er trägt die Wunde immer noch mit sich herum. Erst wenn ich vergebe, befreie ich mich vom andern. Manche werden nicht gesund, weil sie einem Menschen noch nicht vergeben haben.

Umgang mit Macht

Das Gegenteil von Ohnmacht ist Macht. Wir haben heute ein zwiespältiges Verhältnis zur Macht. Wir denken sofort an Machtmißbrauch, an Macht, die wir über andere ausüben. Aber Macht ist durchaus etwas Positives. Ursprünglich bezeichnet Macht, vom althochdeutschen „mugan" = vermögen, können, abgeleitet, „die Fähigkeit, etwas frei und mit eigener Kraft zu verwirklichen, so wie man sagt, es sei jemand ‚einer Sprache mächtig', oder vor allem, er sei ‚seiner selbst mächtig', und eben nicht ‚ohnmächtig'."[17] Zunächst ist Macht also Macht über mich selbst, die Fähigkeit, mich selbst zu gestalten, selber zu leben, anstatt gelebt zu werden. Auch das griechische und das lateinische Wort für Macht, dynamis bzw. potestas, kommt jeweils von „können, vermögen". Aber es klingt noch eine andere Bedeutung an: dynamis heißt auch Kraft. Lukas versteht Jesus als begabt mit besonderer Kraft. Schon bei seiner Empfängnis hat sich die Kraft des Höchsten über ihn gesenkt (Lk 1,35). In der Kraft Gottes wirkt Jesus seine Wundertaten (= dynameis =

Krafttaten). Die Jünger haben teil an der Christuskraft. In seiner Kraft wirken auch sie Wundertaten. Macht ist für die Griechen identisch mit dem Sein, und sie ist ein wesentliches Attribut Gottes. Der Christ, der der göttlichen Natur teilhaft geworden ist (vgl. 2 Petr 1,3f), hat auch teil an der Macht Gottes. Er ist dazu berufen, sein eigenes Leben und die Welt im Sinne Gottes zu gestalten.

Erst in zweiter Linie bedeutet Macht den Auftrag zum Führen und Leiten. Ich erlebe bei Menschen, die Verantwortung über andere haben, oft ein Jammern, daß man mit den schwierigen Mitarbeitern nichts machen könne, daß man da ohnmächtig kapitulieren müsse. Wirkliche Führung ist eine Antwort auf die Erfahrung der Ohnmacht. Führen heißt, neue Möglichkeiten entdecken und in den Menschen hervorlocken. Jesus selbst zeigt uns auf, wie wir Macht im positiven Sinn verstehen sollen: „Die Könige herrschen über ihre Völker, und die Mächtigen lassen sich Wohltäter nennen. Bei euch aber soll es nicht so sein, sondern der Größte unter euch soll werden wie der Kleinste, und der Führende soll werden wie der Dienende“ (Lk 22,25f). Die Könige herrschen über die Völker, sie beherrschen und bestimmen sie, sie üben Macht über sie aus, indem sie andere erniedrigen. Sie halten die Völker klein, um selbst groß zu erscheinen. Sie leben auf Kosten der Unterdrückten. Und die Mächtigen lassen sich Wohltäter nennen. Sie benutzen ihre Macht dazu, um gut vor den andern dazustehen. Sie mißbrauchen also die Macht für sich selbst. Die Macht, die der Führende im Sinne Jesu ausübt, ist ein Dienst. Sie dient den Menschen, sie dient dem Leben, sie lockt im Menschen seine Fähigkeiten und Möglichkeiten hervor. Sie bringt ihn in Berührung mit seinen eigenen Träumen, mit dem, was in ihm an Möglichkeiten steckt. Jeder von uns ist immer zugleich Führer und Geführter, jeder hat schon mit seinem Sein auch Macht mitbekommen. Die Macht ist die Lust, das Leben zu gestalten und in den Menschen Leben hervorzulocken. In diesem Sinne haben wir teil an der Macht Gottes.

In christlichen Kreisen herrscht oft ein zwiespältiges Verhältnis zur Macht. Man weigert sich, Macht auszuüben, weil sie unserem Ideal der Selbstlosigkeit und Nächstenliebe nicht zu entsprechen scheint. Aber das Fatale ist, daß die verdrängte Macht für die Menschen schlimmer ist als offene Macht. Gegen eine klare Macht kann man sich wehren, gegen die Macht, die aus der Verdrängung heraus subtil und versteckt ausgeübt wird, ist man ohnmächtig. Weil man in der Kirche Macht verteufelt, übt man in ihr oft eine destruktive Macht aus. Eine Macht, hinter der man sich versteckt, die nicht offen sichtbar ist, zerstört, anstatt aufzubauen. Es wäre eine wichtige Aufgabe für unsere Kirchen, einen neuen Umgang mit Macht zu versuchen. Macht ist auch die Lust, etwas zu gestalten, diese Welt mitzugestalten, in den Menschen Leben hervorzulocken und dem Leben zu dienen, damit das Leben, das Gott uns geschenkt hat, in vielen Menschen aufblühen kann. Die Macht, so sagt Karl Rahner, ist „eine Gabe Gottes, Ausdruck seiner eigenen Macht, Teil der Repräsentation Gottes in der Welt“.[18]

Für Klaus Hemmerle, den verstorbenen Bischof von Aachen, ist das eigentliche Ziel der Macht „das Mächtigsein des Guten und des Rechtes in Gestalt des Gemeinwohles … Macht ist wirksame Ordnung menschlichen Mitseins als Seins in der Welt.“[19] Anstatt ohnmächtig vor den persönlichen Schwierigkeiten und vor den Weltproblemen zu stehen, sollten wir dankbar sein für die Macht, die Gott uns geschenkt hat, und sie so einsetzen, daß wir das eigene Leben und die Welt nach Gottes Willen gestalten.

B Religiöse Wege

Oft hat die religiöse Erziehung dazu geführt, daß sich Menschen ohnmächtig fühlen. Wenn Gott einseitig als der allmächtige Herrscher gesehen wird, bleibt dem Menschen oft nichts anderes übrig, als sich selbst klein und ohnmächtig zu erleben. Dem strengen und strafenden Gott gegenüber, der alles sieht, habe ich keine Chance zu entrinnen. Da werde ich auf jeden Fall dabei ertappt, daß ich einen Fehler mache. Ich bin machtlos seiner Allmacht ausgeliefert. Es gibt ein Sprechen von der Verdorbenheit des Menschen, das unsere Ohnmachtsgefühle verstärkt, weil wir uns immer als Sünder fühlen, die sich vor Gott an die Brust schlagen und um Vergebung bitten müssen.

Manchmal wird auch die Menschlichkeit Jesu außer acht gelassen und nur die Göttlichkeit betont. Dann werden die Wunder Jesu in so grellen

Farben geschildert, daß wir uns nur noch klein und minderwertig fühlen können. Die Göttlichkeit Jesu und die Allmacht Gottes heben dann unsere Ohnmacht nicht auf, sondern verstärken sie.

Demgegenüber hat uns Jesus ein ganz anderes Bild vom Menschen gezeigt. Er hat die Menschen, die erdrückt waren von der Last des Lebens, die man klein gemacht und gekrümmt hat, denen man das Rückgrat gebrochen hat, wieder aufgerichtet und ihnen ihre göttliche Würde gezeigt (vgl. Lk13,10ff). Und in seiner Auferstehung hat Christus uns alle aufgerichtet. Daher haben die frühen Christen in Erinnerung an die Auferstehung Jesu immer aufrecht stehend gebetet. Im Gebet haben sie erfahren, daß Christus ihnen göttliche Würde geschenkt hat.

Der königliche Mensch

Johannes hat Jesus auch in seiner Passion als königlichen Menschen geschildert, damit wir in den Bedrängnissen unseres Lebens unsere königliche Würde durchhalten. Als Pilatus Jesus fragt: „Was hast du getan?“, da antwortet er: „Mein Königtum ist nicht von dieser Welt“ (Joh 18,36). Weil Jesu Königtum nicht von dieser Welt ist, hat weder Pilatus Macht über ihn, noch die Soldaten, die Jesus gefangennehmen, geißeln und kreuzigen. Nach außen hin erleidet Jesus den schrecklichen Tod am Kreuz. Aber für Johannes ist die Kreuzigung Jesu nur die Thronbesteigung des wahren Königs. Was Johannes hier von Jesus schreibt, gilt auch für uns. Mitten in unserer Passion, dort, wo wir abgelehnt, verurteilt, lächerlich gemacht, verletzt und gekränkt werden, dürfen wir sagen: „Mein Königtum ist nicht von dieser Welt.“ Es gibt in uns eine göttliche Würde, die uns keine Macht der Welt nehmen kann, weil sie eben nicht von dieser Welt ist. Selbst in der größten Ohnmacht des Todes kann uns unsere königliche Würde nicht geraubt werden.

Die katholische Kirche feiert am letzten Sonntag im Kirchenjahr das Christkönigsfest. Was schon in anderen Festen angeklungen ist, etwa im Fest Epiphanie, daß Christus König ist über die ganze Erde, das wird am Ende des Kirchenjahres nochmals eigens thematisiert. Dabei geht es nicht bloß um die Proklamation Christi als König, sondern darum, daß wir im König Christus uns selbst als königliche Menschen erfahren. Der König ist ein Bild für den Menschen, der sich selbst beherrscht, der Herr ist über seine Leidenschaften und nicht ohnmächtig seinen Feinden ausgeliefert ist. Für die Griechen ist der König zugleich der Weise, der die Höhen und Tiefen des Menschseins kennt. Martin Buber überliefert ein Wort des Rabbi Schlomo: „Was ist die schlimmste Tat des Bösen Triebs? Und er antwortete: Wenn der Mensch vergißt, daß er ein Königssohn ist.“[20] Wir feiern das Fest Christkönig, damit wir aufrechter in unseren Alltag gehen, damit wir an unsere königliche Würde glauben. Die Liturgie will uns also nicht unsere Ohnmacht vor Augen halten, sondern uns einladen, unser wahres Wesen als Christ zu entdecken und zu erleben, daß wir teilhaben am Königtum Christi, daß wir eine göttliche Würde haben, die uns aufrecht gehen läßt und uns Freiheit schenkt gegenüber allen Mächten dieser Welt. Über unseren göttlichen Kern hat nichts in dieser Welt Macht.

Befreiung von der Macht der Welt

Diesen göttlichen Kern hat auch die Mystik im Blick, wenn sie davon spricht, daß wir in uns einen Raum der Stille haben, in dem allein Gott wohnt, über den diese Welt keine Macht hat. Der Gott, der in uns wohnt, ist der Exodusgott, der Gott, der uns befreit von den Fronvögten, die uns zu Höchstleistungen antreiben, die uns dazu bringen, unsere Freiheit aufzugeben, nur um an den Fleischtöpfen Ägyptens sitzen zu können. Gott befreit uns von der Macht der Welt, von der Macht der Menschen, ihren Ansprüchen und Erwartungen, ihren Urteilen und Verurteilungen. Und er befreit uns von der Macht des eigenen Über-Ichs, den Selbstbeschuldigungen und Selbstvorwürfen, der Selbstbestrafung und Selbstentwertung.

In der Taufe sind wir mit Christus dieser Welt gestorben. So sagt es uns die Tauftheologie. Der Welt gegenüber sterben meint hier nicht etwas Negatives, sondern den Weg der Freiheit. Wenn ich dieser Welt gestorben bin, dann hat sie keine Macht über mich. Ich erfahre in der Taufe, daß in mir noch ein anderes Leben ist, ein göttliches Leben, über das diese Welt nicht verfügen kann. An diese Wirklichkeit unserer Taufe will uns jede Eucharistiefeier erinnern, in der wir mit dem Tod und der Auferstehung auch unsern

Tod dieser Welt gegenüber feiern. Und wenn wir beim Betreten einer Kirche oder – in manchen Gegenden – beim Verlassen des Hauses Weihwasser nehmen, dann ist das immer wieder die Erinnerung daran, daß wir aus einer anderen Wirklichkeit heraus leben, aus einer Wirklichkeit, über die diese Welt glücklicherweise keine Macht hat.

Sich aussöhnen mit der eigenen Ohnmacht

Es ist eine Urversuchung des Menschen, Gottes Allmacht gegen seine Ohnmacht anzurufen, zu meinen, durch Gebet und ein frommes Leben von seiner Ohnmacht befreit zu werden. Das christliche Paradox ist jedoch, daß wir uns mit unserer Ohnmacht aussöhnen müssen. In Jesus Christus hat Gott sich selbst in seiner Ohnmacht offenbart. Für Dietrich Bonhoeffer war die Erfahrung der Ohnmacht Gottes eine entscheidende Erfahrung, die ihn im Gefängnis in Tegel zu einer neuen Konzeption seiner Theologie geführt hat: „Vor und mit Gott leben wir ohne Gott. Gott läßt sich aus der Welt herausdrängen ans Kreuz, Gott ist ohnmächtig und schwach in der Welt, und gerade und nur so ist er bei uns und hilft uns.“[21] Das Bild des ohnmächtigen Gottes führt zu einem anderen Selbstbild als das des allmächtigen Herrschers. Wenn Gott in der Menschwerdung und im Tod seines Sohnes sich ohnmächtig offenbart, dann ist das eine Einladung, uns mit unserer eigenen Ohnmacht auszusöhnen. Es ist aber keine Ohnmacht vor Gott, in der ich mich vor dem großen Gott klein fühle, sondern eine Ohnmacht *mit* Gott, in der ich Gottes Nähe erahne. Unsere Ohnmacht wird dann zum Ort der Gotteserfahrung. Gerade dort, wo ich nichts mehr vermag, wo ich am Ende bin, wo ich scheitere, kann mich Gott für sich aufbrechen. Dort bleibt mir nichts anderes übrig, als meine leeren Hände Gott hinzuhalten und mich in Gott hinein zu ergeben.

Für den Christen gehört die Ohnmacht wesentlich zu seiner Existenz. Wer an Christus, den Gekreuzigten, glaubt und auf ihn schaut, sieht in ihm die Ohnmacht Gottes dargestellt. Jesus endet in der Ohnmacht des Kreuzes. Der Prediger des Kreuzes, der Apostel Paulus, mußte am eigenen Leib erfahren, daß er ohnmächtig war gegenüber dem Stachel, der ihm im Fleisch saß. Dieser Stachel war offensichtlich eine peinliche Krankheit, die Paulus bei seiner Predigt behindert hat. Paulus bat dreimal den Herrn, daß er ihn von diesem Stachel befreien möge. Aber Christus führte ihn ein in das Geheimnis seiner Gnade, die gerade in seiner Schwachheit zur Vollendung kommt: „Meine Gnade genügt dir; denn sie erweist ihre Kraft in der Schwachheit“ (2 Kor 12,9). Paulus war der Meinung, er könne nur dann ein guter Verkündiger von Christi Botschaft sein, wenn er gut auftreten und den Korinthern gegenüber gesund erscheinen könnte. Er mußte sich von Christus belehren lassen, daß er nicht nur seine Kraft, sondern genauso auch seine Schwachheit und seine Ohnmacht benützen und durch sie hindurch wirken kann. Wir sind gerade dort durchlässig für Gottes Gnade, wo wir unsere Ohnmacht erfahren. Wo wir gebrochen sind, sind wir auch aufgebrochen für Gottes Liebe, da behindert nicht mehr das eigene Wollen Gottes Wirken.

Wohl jeder Mensch erlebt im Laufe seines Lebens einmal, was Paulus am eigenen Leib erfahren hat, daß Gottes Kraft gerade dann erfahrbar wird, wenn er am Nullpunkt ankommt, wenn ihm alles aus der Hand genommen wird, wenn er schmerzlich eingestehen muß, daß er für sich nie garantieren kann. Offensichtlich müssen wir immer wieder erfahren, daß unsere Kraft von Gott kommt und nicht von uns selbst. Unserer letzten Ohnmacht werden wir im Tode begegnen. Da wird uns alles entrissen, da können wir nichts mehr in der Hand behalten. Da können wir uns nur noch ohnmächtig in Gottes gütige Hände fallen lassen. In der Ohnmacht, die wir Tag für Tag erfahren, scheint schon die Ohnmacht des Todes durch. So lädt uns jede Ohnmacht, die wir erleben, dazu ein, uns auszusöhnen mit unserer sterblichen Natur, mit unserer Hinfälligkeit und mit der Schwachheit unserer fleischlichen Existenz. Zugleich aber lädt uns die Ohnmacht ein, an die Kraft Gottes zu glauben, an die Auferstehungskraft, in der Gottes Kraft auch an uns sieghaft offenbar werden wird. Es ist eine befreiende Erfahrung, die aus unserer Ohnmacht entspringt, die Erfahrung, daß wir nicht alles selber machen müssen, daß wir schwach sein dürfen, daß wir in unserer Schwäche von Gottes Kraft umfangen sind. Wenn ich mir jede Schwäche verbiete, muß ich ständig in der Angst leben, doch zu versagen. Wenn ich aber weiß, daß sich Gottes Gnade sowohl in meiner Stärke als auch in meiner Schwachheit zeigen kann, dann darf ich getrost meine leeren

Hände öffnen und sie Gott hinhalten. Dann werde ich einen tiefen inneren Frieden erfahren und die Freiheit vom Zwang, mich selbst vervollkommnen zu müssen.

Gebet und Ohnmacht

Das Gebet kann uns von der Macht befreien, die andere über uns ausüben. Das zeigt uns das Gleichnis vom gottlosen Richter (Lk 18,1-8). Jesus schildert am Beispiel der Witwe, die um ihr Recht kämpft, das ihr der Feind streitig macht und um das sich der gottlose Richter nicht kümmert, daß das Gebet uns das Recht auf Leben verschafft. Das Gebet führt mich in den Raum der Stille, in dem Gott in mir wohnt, in dem niemand Macht hat über mich. Zu diesem Raum der Stille haben die Feinde keinen Zutritt, weder die Feinde von außen noch die inneren Feinde, die mich am Leben hindern. Und dort wird der Richter entmachtet, der sich weder um Gott noch um die Menschen kümmert. Der gottlose Richter ist ein Bild für unser Über-Ich, das sich nicht dafür interessiert, ob es uns gutgeht, das sich um unsere göttliche Würde nicht schert. Im Gebet verhilft mir Gott zu meinem Recht, da führt er mich in den Raum der Freiheit, da erfahre ich an dem inneren Ort der Stille schon wirkliches Leben, da erlebe ich einen Schutzraum, in dem ich ganz ich selber sein darf.

Freilich wird mich das Gebet nicht einfach von meiner Ohnmacht befreien, die ich meinen Leidenschaften und Ängsten oder der Welt gegenüber spüre. Das Gebet ist kein Trick, der alle Probleme löst. Aber im Gebet kann ich den Ort der Stille in mir entdecken, zu dem die Probleme der Welt und meine eigenen lärmenden Gedanken keinen Zutritt haben. Wenn mich jemand tief verletzt hat, dann ist die Verletzung nicht einfach weg, wenn ich in der Meditation den Raum der Stille in mir berühre. Aber sie relativiert sich. Für den Augenblick des Gebetes fühle ich mich frei von der Verletzung. Mein Herz ist immer noch verwundet, aber im Seelengrund (Tauler), in der inneren Zelle (Katharina von Siena), im Sanctissimum, im inneren Heiligtum, den die Menschen nicht betreten dürfen, da hat die Kränkung keinen Zutritt. Es gibt in mir einen Bereich, zu dem die Gefühle der Angst, der Wut, der Eifersucht und des Jähzorns nicht hindringen und in dem mich niemand kränken kann. Aber sobald ich vom Gebet wieder in meinen Alltag zurückkehre, werde ich trotzdem empfindlich sein, wenn ich kritisiert werde. Dann wird die Verletzung immer noch schmerzen. Mein Herz ist genauso verwundet wie zuvor. Aber es ahnt, daß es nicht ganz und gar durchtränkt ist von der Kränkung, daß es in sich einen Raum birgt, der davon unberührt ist. Das gibt mitten in der Verletzung eine Ahnung von Heilung und Befreiung, von Frieden und Zuversicht.

Anteil an Christi Vollmacht

Jesus verheißt den Jüngern, die ihm nachgefolgt sind: „Wenn die Welt neu geschaffen wird und der Menschensohn sich auf den Thron der Herrlichkeit setzt, werdet ihr, die ihr mir nachgefolgt seid, auf zwölf

Thronen sitzen und die zwölf Stämme Israels richten" (Mt 19,28). Sie werden also Anteil erhalten an der Macht und Herrschaft Jesu Christi. Das gilt aber nicht nur für die Macht, die sie am Ende der Zeiten haben werden, sondern schon für ihr Wirken in dieser Welt. Sie haben jetzt schon teil an Christi Macht. In seinem Namen und in seiner Macht „werden sie Dämonen austreiben; sie werden in neuen Sprachen reden; wenn sie Schlangen anfassen oder tödliches Gift trinken, wird es ihnen nicht schaden; und die Kranken, denen sie die Hände auflegen, werden gesund werden" (Mk 16,17f). Die Macht, die Christus über die Dämonen hatte, teilt er auch seinen Jüngern mit. Die Vollmacht, mit der Jesus gepredigt hat, wird auch im Wort der Jünger erfahrbar, wenn sie im Namen Jesu und in Jesu Geist sprechen. Wenn in einem Menschen Christi Geist erfahrbar wird, dann können sich die Dämonen nicht mehr halten. Sie werden ans Tageslicht gezerrt und müssen den Menschen verlassen, den sie besetzt halten. Dort, wo Christi Geist wirksam wird, haben die unreinen Geister, die unklaren Ideen, die Komplexe, die hin- und herzerrenden Gedanken keine Macht mehr über die Menschen.

Die Frage ist, ob und wie die biblischen Gedanken über die Macht Christi und seiner Jünger uns heute helfen können, unsere Ohnmachtsgefühle angesichts der eigenen Schwächen und angesichts der heutigen Weltsituation zu überwinden. Die Wiederholung der biblischen Worte über die Allmacht Gottes und die Herrschaft Christi allein befreien uns noch nicht von unserer Ohnmacht. Ich möchte einige Erfahrungen beschreiben, die zeigen können, wie der Glaube an die Macht Gottes vom Gefühl der Ohnmacht befreien kann.

Im Gespräch mit Menschen fühle ich oft eine Ohnmacht, ihnen zu helfen. Der Gesprächspartner ist so von wirren Ideen besetzt oder so von den Wunden der Kindheit geprägt, daß meine Worte ihn kaum erreichen. Alle Versuche, gemeinsam zu erspüren, was ihm helfen könnte, schlagen fehl. Da hilft es mir, beim gemeinsamen Chorgebet für diesen Menschen zu beten, indem ich Gott bitte, die Feinde zu zermalmen: „Meinen Verfolgern entreiß mich; sie sind viel stärker als ich. Führe mich heraus aus dem Kerker, damit ich deinen Namen preise“ (Ps 142, 7). „Vertilge in deiner Huld meine Feinde, laß all meine Gegner untergehn! Denn ich bin dein Knecht“ (Ps 143,12). In diesen Psalmworten spüre ich die Kraft Gottes, die stärker ist als die Mächte, die meinen Gesprächspartner gefangenhalten. Die gleichen Verse kann ich auch angesichts der Ohnmacht meinen eigenen Schwächen gegenüber beten: „Herr, entreiß mich den Feinden! Zu dir nehme ich meine Zuflucht“ (Ps 143,9). Manchmal bete ich in solchen Situationen Psalm 31 und stelle mir vor, daß Jesus diese Worte sterbend am Kreuz an seinen Vater gerichtet hat, daß er da mitten in der Schwäche des Todes die Macht des Vaters spürte, auf den er vertraute: „Du wirst mich befreien aus dem Netz, das sie mir heimlich legten; denn du bist meine Zuflucht. In deine Hände lege ich voll Vertrauen meinen Geist; du hast mich erlöst, Herr, du treuer Gott!“ (Ps 31,5f). Dann wächst in mir die Hoffnung, daß selbst in der größten Ohnmacht das Vertrauen auf Gottes helfende Nähe mich aufrichten und stärken kann, so daß ich nicht verzweifle, sondern mich vertrauend in Gottes Hände gebe.

Die Ohnmacht, die uns heute wohl am meisten lähmt, ist die, die wir angesichts unserer Weltsituation empfinden. Wir müssen uns davor hüten, einfach von der Überwindung unserer Ohnmacht durch die Allmacht Gottes zu sprechen. Denn es ist ja gerade eine Glaubenserfahrung, daß der allmächtige Gott zu schweigen scheint und von seiner Macht nichts zu sehen ist. Es ist eine Anfrage an unsern Glauben, daß Gott nicht eingreift angesichts der Greueltaten, die in Bosnien und in Ruanda und vielerorts auf unserer Welt geschehen. Was soll da das Sprechen vom allmächtigen Gott, wenn er selbst ohnmächtig zuschaut, wie die Menschen seine Schöpfung zerstören? Das Volk Israel hat es immer wieder schmerzlich erfahren, daß Gott sich anscheinend zurückzog und nicht eingriff. Die Geschichte Israels ist eine einzige Geschichte des Scheiterns und der Ohnmacht. Die christlichen Kirchen machen heute in Europa wohl eine ähnliche Erfahrung durch. Sie spüren ihre Ohnmacht, daß sie trotz Gebet und trotz aller Anstrengungen immer mehr Mitglieder verlieren und daß man sich für sie immer weniger interessiert. Als Christen können wir sowohl im Hinblick auf die Situation der Kirchen als auch im Blick auf uns selbst mit dem Psalmisten beten: „Deine Widersacher lärmten an deiner heiligen Stätte, stellten ihre Banner auf als Zeichen des Sieges. … Zeichen für uns sehen wir nicht, es ist kein Prophet mehr da, niemand von uns weiß, wie lange noch. Wie lange, Gott, darf der Bedränger noch schmähen, darf der Feind ewig deinen Namen lästern? Warum ziehst du die Hand von uns ab, hältst deine Rechte im Gewand verborgen?" (Ps 74,4.8–11). Oder wir machen eine ähnliche Erfahrung, wie sie Jesaja schildert: „Wir hoffen auf Licht, doch es bleibt finster; wir hoffen auf den Anbruch des Tages, doch wir gehen im Dunkeln. Wir tasten uns wie Blinde an der Wand entlang und tappen dahin, als hätten wir keine Augen. Wir stolpern am Mittag, als wäre schon Dämmerung, wir leben im Finstern wie die Toten. ... Wir hoffen auf unser Recht, doch es kommt nicht, und auf die Rettung, doch sie bleibt uns fern" (Jes 59,9–11). Für viele ist die Ohnmacht Gottes eine Versuchung, an Gott überhaupt zu zweifeln, den Glauben über Bord zu werfen. Wie kann Gott das zulassen, er, der doch allmächtig ist! Es auszuhalten, daß Gott nicht eingreift, ist für jeden Christen eine Herausforderung an seinen Glauben, die er allein im Blick auf das Leiden Christi am Kreuz annehmen kann.

Wenn ich das Elend der Welt anschaue, die Greueltaten in Bosnien und in Ruanda, vor denen ich ohnmächtig stehe, dann löst das Beten meine Ohnmachtsgefühle nicht einfach auf. Aber es hilft mir trotzdem, wenn ich mir vorstelle, daß die Mörder nicht über ihre Opfer triumphieren werden und die Welt trotz allem in der Hand Gottes ist und nicht in der Hand dieser verrückten Kriegshetzer. Es braucht einen starken Glauben, um angesichts der eigenen Ohnmacht nicht zu verzweifeln. Da ist es natürlich leichter, die Augen zu verschließen und die Situation in den Kriegsgebieten zu verharmlosen oder die Schuld den Menschen dort in die Schuhe zu schieben. Der Glaube an Gottes Allmacht ist kein Opium, das mir die Augen vor der Not der Menschen verschließt. Vielmehr treibt mich das Gebet für diese Menschen auch dazu, das mir Mögliche zu tun. Ora et labora, Kontemplation und Kampf, Ergebung und Widerstand (Bonhoeffer), Mystik und Politik gehören zusammen. Ich kann mich nicht zurückziehen auf das Beten. Oft genug kann mich das Beten herausfordern, das zu tun, was Gott mir jetzt zugedacht hat. Das Vertrauen auf Gottes Allmacht ist kein billiges Trostpflaster, aber es kann doch inmitten der sinnlosen Wut, die angesichts unserer Ohnmacht in uns auftaucht, einen Funken Hoffnung entzünden, der dann zu einem vernünftigen Handeln ruft.

Die Macht des Gebets

Die Mönche auf dem Berg Athos sind überzeugt, daß nur deshalb unsere Welt noch nicht in Schutt und Asche versunken ist, weil überall auf der Welt gebetet wird, weil es keine Minute gibt, in der nicht irgend jemand sein Gebet zu Gott richtet. Starez Siluan glaubt: „Allein das Gebet der Liebe ist stark genug, den Lauf der Geschichte bedeutsam zu beeinflussen und die Ausmaße des Bösen einzudämmen.“[22] Die Schweizer glauben heute noch, daß sie ihren jahrhundertelangen Frieden dem Gebet des heiligen Klaus von der Flüe verdanken. Man kann die Macht des Betens nicht beweisen. Aber alle Religionen sind davon überzeugt, daß das Gebet ein Machtpotential darstellt, das den destruktiven Mächten dieser Welt überlegen ist. Ich wurde von Vertretern der Friedensbewegung gefragt, ob denn das Beten für sich allein nütze. Demonstrieren würde doch viel eher etwas in den Köpfen der Politiker bewegen. Natürlich kann ich nicht beweisen, ob und wie das Beten die Denkstrukturen der Mächtigen verwandelt. Demonstrationen haben sicher auch ihren Wert. Aber für mich hat das Gebet durchaus die Macht, in dieser Welt etwas in Bewegung zu bringen. Die Frage ist, was die Wandlung im Osten oder den Frieden zwischen Israel und den Arabern und die Aufhebung der Apartheid in Südafrika bewirkt hat. Ich glaube an die Macht des Gebetes, das einen Stein ins Rollen bringt.

Die Macht der Liebe

Wir Christen glauben aber nicht nur an die Macht des Gebetes, sondern genauso an die Macht der Liebe. Die Liebe Gottes ist in Jesus Christus hier auf Erden aufgeleuchtet. Sie hat die Kranken geheilt, und sie hat Menschen aufgerichtet. Im Kreuz wurde die Liebe Christi am reinsten sichtbar. Da hat Jesus selbst die noch geliebt, die ihn ans Kreuz schlugen. So lädt uns diese Liebe ein, unsere Selbstverurteilung aufzugeben. Wenn Jesus selbst seine Mörder noch liebt, so darf auch ich mich von ihm geliebt wissen und mich selber lieben. Die Liebe Jesu Christi hat in den letzten 2000 Jahren überall auf der Welt Inseln der Menschlichkeit entstehen lassen. Da haben sich immer wieder Menschen von dieser Liebe anstecken lassen und damit ein Stück Welt menschlicher und liebenswerter gemacht. Es war immer wieder die Liebe, die Barrieren zwischen Menschen und Völkern abgebaut hat. Das Gebet will mich zur Liebe bewegen. Die Liebe muß aber dann sowohl in der Gesinnung als auch im Tun sichtbar werden. Es war die Liebe, die Anwar Sadat als frommer Moslem in seinem Herzen hatte, die es möglich machte, mit Israel Frieden zu schließen. Es war die Liebe in Martin Luther King, die gewaltlos die Fronten zwischen Schwarz und Weiß aufgebrochen hat. Die Versöhnung zwischen Frankreich und Deutschland ist nicht allein durch die Politiker zustande gekommen, sondern weil es auf beiden Seiten genügend Menschen gab, die einander liebten, für die die Liebe stärker war als der Haß, den eine jahrhundertelange Rivalität erzeugt hatte. Die Märchen erzählen uns, wie die Liebe einen Menschen verwandeln kann, wie sie den Stein zum Schmelzen bringt und aus dem Tier einen Menschen erstehen läßt. Das haben wir in den vergangenen Jahrzehnten immer wieder erleben dürfen. Die Liebe hat die Mauer eingeschmolzen, die die beiden Teile Deutschlands trennte. Und die Liebe macht aus Verrückten, die sich bis aufs Blut bekämpfen, immer wieder Menschen, die miteinander einen Weg gehen.

Das Paradox der Liebe besteht darin, daß sie gerade in ihrer Ohnmacht mächtig ist. Die Liebe verzichtet auf alle äußere Macht. Die Liebe Jesu wird gerade in der Ohnmacht seines Todes sichtbar. Die Liebe wagt sich in die äußerste Finsternis und Bosheit hinein und verwandelt sie. In seiner Liebe wehrt sich Jesus nicht gegen die, die ihn ermorden. Er durchbricht den Teufelskreis der Vergeltung. Er durchdringt mit seiner Liebe das Böse und bricht es so auf. Johannes hat uns in der Szene der Fußwaschung beschrieben, wie diese Liebe Jesu aussieht: „Da er die Seinen, die in der Welt waren, liebte, erwies er ihnen seine Liebe bis zur Vollendung“ (Joh 13,1). Jesus beugt sich zur Erde und wäscht den Jüngern die Füße, an denen sie schmutzig und verwundbar sind. Seit dem Tod Jesu am Kreuz haben sich unzählige Christen aus der Kraft dieser göttlichen Liebe für diese Welt engagiert und sie gestaltet. Ihre ohnmächtige Liebe wurde wohl zur stärksten Macht in dieser Welt. Sie hat unsere Erde wohl am nachhaltigsten geprägt.

Im persönlichen Bereich hat vermutlich jeder schon erfahren, daß eine absichtslose Liebe im andern etwas in Bewegung gebracht hat. Da gibt es die chassidische Geschichte, daß ein Vater machtlos war seinem ungezogenen Sohn gegenüber. Er bringt ihn zum Rabbi. Der drückt ihn an sein Herz und hält ihn so mit seinen Armen fest. Nach einem Tag übergibt er ihn völlig verwandelt an den Vater zurück. Im Kindergarten blüht ein fünfjähriges Mädchen, das vom Vater sexuell mißbraucht worden ist, unter den liebenden Augen der Schwester auf, die die Gruppe neu übernommen hat. Was die andern Erzieher ein ganzes Jahr nicht zustande brachten, das hat der liebende Blick bewirkt. Das erste Mal spricht sie von sich aus die Kindergärtnerin an, und zum ersten Mal macht sie beim Malen mit. Oft braucht es einen großen Glauben und einen langen

Atem, um der ohnmächtigen Liebe und ihrer verwandelnden Macht zu vertrauen. Es dauert oft sehr lange, bis eine Mutter es erlebt, daß der Sohn, der auf Abwege geraten ist, auf ihre Liebe reagiert.

Im gesellschaftlichen und politischen Bereich erleben wir uns noch ohnmächtiger mit unserer Liebe. Was soll da unsere Liebe schon bewirken gegen die Macht der Waffen? Die Beispiele eines Sadat, eines Gandhi, eines Martin Luther King scheinen da doch Ausnahmen zu sein. Die Diskussionen um den gewaltlosen Kampf für den Frieden haben gezeigt, daß es ohne eine gewisse militärische Macht offensichtlich doch nicht gelingt, den Frieden zu sichern. Und dennoch schaffen die Waffen nicht nur Frieden, sondern immer wieder auch Krieg. Die gewaltlose Liebe vieler Menschen ist wie das Senfkorn, das zu einem Baum heranwächst, in dessen Schatten die Menschen in Frieden miteinander leben können. Sie ist wie der Sauerteig, der den ganzen Trog Mehl durchdringt.

Ein Mitbruder meinte einmal, drei Mönche, die es ernst meinen mit ihrer Hingabe und Liebe, würden genügen, um eine Gemeinschaft von 200 Mönchen zu verwandeln. Vielleicht genügen dreißig Menschen, die durchlässig sind für Gottes Liebe, um ein ganzes Volk in Bewegung zu bringen. Wer an die Macht der Liebe glaubt, der fühlt sich zumindest nicht ganz ohnmächtig der heutigen Weltsituation gegenüber. Er setzt seine Liebe dagegen, auch wenn sie über lange Zeit völlig wirkungslos zu sein scheint. Er glaubt an die verwandelnde Kraft der Liebe und überwindet mit seinem Glauben die Resignation und Verzweiflung, in die viele angesichts ihrer Ohnmacht gegenüber dem Kriegstreiben fallen. Aber er kann die Macht seiner Liebe nicht beweisen. Er kann nur glauben und hoffen, daß die Saat der Liebe aufgeht und reiche Frucht bringt.

Zusammenfassung

Selbstwertgefühl und Ohnmachtsgefühl – um diese beiden Pole kreisen heute viele Menschen. Sie sehnen sich nach einem starken Selbstwertgefühl, nach Selbstvertrauen, nach Selbstbewußtsein und Selbstsicherheit. Sie möchten sich selber spüren, das Geheimnis ihres Wesens, ihres Selbst entdecken. Und sie möchten vor andern sicher auftreten können. Die vielen jungen Menschen, die zu unseren Kursen über Silvester, Ostern und Pfingsten kommen, suchen im Glauben nicht nur einen Sinn für ihr Leben, sondern oft auch eine Stärkung ihres Selbstwertgefühls. Sie erhoffen sich vom Gebet, daß sie sich selbst spüren, daß sie ihre göttliche Würde fühlen, daß sie ihre Angst und Unsicherheit in einer anonymen und kalten Welt überwinden und Vertrauen finden, Vertrauen zu Gott, Vertrauen in eine Gemeinschaft von Menschen, die einander annehmen und aufrichten, und Vertrauen in sich selbst, in die Kraft, die Gott ihnen geschenkt hat, Vertrauen in die Zukunft, die Gott für sie bereithält. Dogmatische Fragen interessieren die jungen Menschen heute kaum. Der Unterschied zwischen katholisch und evangelisch besteht für sie fast nicht mehr. Auch philosophische Fragen, wie sie nach dem Zweiten Weltkrieg noch die Jugend bewegten, stehen für sie nicht im Mittelpunkt. Es geht ihnen vor allem darum, wie sie in dieser Welt sinnvoll und vertrauend leben können, wie sie sich selbst mit neuen Augen sehen und wie sie von Gott her ein gesundes Selbstwertgefühl und Selbstvertrauen gewinnen können.

Die zentrale Suche nach dem Selbstwertgefühl hat manchmal auch narzißtische Züge. Manche Jugendliche verschließen ihre Augen vor der Weltsituation. Sie können es gar nicht aushalten, nach Bosnien oder Ruanda zu schauen. Daher suchen sie in religiösen Gruppen Heimat und Geborgenheit in dieser feindlichen und undurchschaubaren Welt. Ihre Ohnmacht angesichts der vielen Kriege und Ungerechtigkeiten auf dieser Welt zuzulassen überfordert sie. Sie können sich dieser Ohnmacht gar nicht stellen, weil sie in sich nicht die Kraft spüren, die eigene Schwäche und Machtlosigkeit auszuhalten. Weil ihre Ohnmachtsgefühle sich selbst und der Weltsituation gegenüber zu stark sind, müssen sie sie verdrängen. Die Verdrängung der eigenen Ohnmacht beobachten wir allenthalben in unserer Welt, bei Politikern, Wirtschaftlern und Kirchenleuten. Die Ohnmacht auszuhalten ist unangenehm. Daher geht man ihr lieber aus dem Wege.

Die Bibel zeigt, daß die Ohnmacht wesentlich zu unserem Leben gehört. Das Volk Israel hat diese Ohnmacht in seiner Geschichte immer wieder erfahren. Seine Geschichte war nicht die Geschichte zunehmender Macht, sondern wachsender Ohnmacht, bis es schließlich in der Verbannung endete und ganz klein und bescheiden wieder anfangen mußte. Als Christen schauen wir auf Jesus Christus, der in der Ohnmacht des Kreuzes endete. Gottes Macht hat sich an Christus gerade durch die Ohnmacht des Kreuzes hindurch erwiesen. Es ist die Auferstehungsmacht, die uns aus unserer Ohnmacht aufrichtet, die sich gerade in unserer Ohnmacht als Kraft Gottes und nicht als unsere Kraft offenbart. Der Glaube, der uns mit unserer Ohnmacht konfrontiert, zeigt auch Wege auf, wie wir kreativ mit ihr umgehen können, statt uns in Resignation oder Depression zu flüchten, wie wir aktiv die Herausforderung unserer Ohnmacht annehmen und unsere Welt aus dem Gebet heraus menschlicher und christusgemäßer gestalten können.

Der Weg des Glaubens kann uns helfen, ein gesundes Selbstwertgefühl zu entwickeln und mit unserer Ohnmacht so umzugehen, daß sie zu einer Quelle von Phantasie und Kreativität wird. Auf unserem Glaubensweg müssen wir alle menschlichen Wege abschreiten, ohne sie spirituell abzukürzen (spiritual bypassing). Selbstwertgefühle und Ohnmachtsgefühle haben ihre Ursachen in psychischen Tatsachen, in Erlebnissen der Kindheit und in den Erfahrungen, die wir täglich machen. Daher muß der Glaube die psychologischen Erkenntnisse ernst nehmen, bevor er dann einen Weg über die psychologische Ebene hinaus weist. Wir würden einem Menschen, der durch schwierige Verhältnisse in der Kindheit kein Selbstwertgefühl entwickeln konnte, keinen Dienst erweisen, wenn wir ihm vorschnell verheißen, daß er doch vertrauen könne, weil Gott ihm vertraut. Auch der Glaubende muß sich seiner psychischen Realität stellen. Er muß die Verletzungen seiner Kindheit im

Gebet vor Gott halten und sie im Gespräch mit dem Seelsorger anschauen. Erst wenn er seine ganze Wahrheit vor Gott und vor einem Menschen offenbart, können seine Wunden heilen. Und er wird im Glauben einen Weg finden, trotz seiner Verletzungen und Kränkungen seine göttliche Würde zu entdecken und so ein gesundes Selbstwertgefühl zu entfalten. Im Glauben wird er immer wieder das Urwort hören, das Gott bei der Taufe Jesu seinem Sohn zugesagt hat und das er auch uns zuspricht, wenn wir mitten im Wasser des Jordans, mitten im Wasser unserer Schuld und unseres Versagens, stehen: „Du bist mein geliebter Sohn, du bist meine geliebte Tochter, an dir habe ich mein Gefallen" (Mk 1,11). Und vielleicht kann er dann auch erfahren, daß sich der Himmel über ihm öffnet und die Weite Gottes seine Enge aufbricht (vgl. Mk 1,10).

ANMERKUNGEN

1 Vgl. Erik H. Erikson, Identität und Lebenszyklus, Frankfurt 1966.

2 Ebd., 74.

3 John Bradshaw, Das Kind in uns, München 1992, 66. Zum Ganzen vgl. dort passim.

4 Virginia Satir, Selbstwert und Kommunikation, München 1993.

5 C. G. Jung, Gesammelte Werke 10. Band, Olten 1974, 387.

6 C. G. Jung, Briefe I, Olten 1972, 198f.

7 Roberto Assagioli, Psychosynthese. Prinzipien, Methoden und Techniken, Zürich 1988, 139.

8 James Bugental, Stufen therapeutischer Entwicklung, in: Psychologie in der Wende, hrsg. v. R. N. Walsh und F. Vaughan, München 1985, 217.

9 Alfred Adler, Der Sinn des Lebens, Frankfurt 1980.

10 Karl Frielingsdorf, Vom Überleben zum Leben, Mainz 1989.

11 Evagrios Pontikos, Briefe aus der Wüste, übers. v. Gabriel Bunge, Trier 1986, 39.

12 Franz Müller, Ohnmacht, in: Praktisches Lexikon der Spiritualität, hrsg. v. Christian Schütz, Freiburg 1988, 942f.

13 Heinz Henseler, Die Theorie des Narzißmus, in: Psychologie des 20. Jahrhunderts, Band II, hrsg. v. Dieter Eickem, Zürich 1976, 463.

14 Ebenda, 464.

15 Ebenda, 465.

16 John Bradshaw, a. a. O., 30.

17 Franz Furger, Macht, in: Praktisches Lexikon der Spiritualität, 823.

18 Karl Rahner, Theologie der Macht, in: Schriften zur Theologie IV, Einsiedeln 1964, 491.

19 Klaus Hemmerle, Macht, in Sacramentum Mundi, hrsg. v. K. Rahner u. A. Darlap, Freiburg 1969, 316.

20 Martin Buber, Die Erzählungen der Chassidim, Zürich 1949, 403.

21 Dietrich Bonhoeffer, Widerstand und Ergebung. Briefe und Aufzeichnungen aus der Haft, München 1966 (13), 241f.

22 Starez Siluan, Mönch vom Heiligen Berg Athos. Leben-Lehre-Schriften, hrsg. v. Archimandrit Sophronius, Düsseldorf 1959, 146.